MENTER FFYDD

Ysgrifau Cristnogol

VIVIAN JONES

Argraffiad Cyntaf – Gorffennaf 2009

Rhif Llyfr Rhyngwladol: 1 871799 54 5

(h) Vivian Jones 2009

Gwnaed pob ymdrech i barchu hawlfraint.

Mae'r cyhoeddwyr yn cydnabod cefnogaeth ariannol Cyngor Llyfrau Cymru.

Cyhoeddwyd gan Dŷ John Penri
5 Axis Court, Parc Busnes Glanyrafon, Bro Abertawe, SA7 0AJ
undeb@annibynwyr.org

Argraffwyd gan Wasg Morgannwg, Castell-nedd

Cynnwys

I Lowri, Samuel, Dyfan a Manon, pedwar person ifanc golygus, talentog, cywir, diddorol a hoffus – a phob un yn digwydd bod yn ŵyr i mi hefyd.

Rhagair

Pynciau y bûm yn darllen amdanynt ac yn eu troi yn fy meddwl ers tro sy'n cael eu trafod yn y llyfr hwn, pynciau y teimlais erbyn hyn, yn gam neu'n gymwys, fod gennyf rywbeth i'w ddweud yn eu cylch a allai fod o ddiddordeb a budd i eraill. Mae amrywiaeth ohonynt, felly hyderaf fod tamaid yma at sawl dant. Nid oes rhaid i'r darllennydd droi atynt mewn unrhyw drefn, gall bori yma a thraw fel y myn. I wneud y cyfan yn haws i'w ddilyn, rhoddais benawdau iddynt.

Gan fy mod yn fy ystyried fy hunan yn efengylwr, cyfeiriais at y cyfeillion yr arferwn eu galw'n 'efengylwyr' fel 'efengylwyr ceidwadol'.

Defnyddiaf yr ymadrodd 'byd cred' sawl gwaith, felly esboniaf ei gynnwys nawr i arbed gwneud hynny bob tro yr ymddengys. Ganed Cristnogaeth i fyd o dan reolaeth Ymerodraeth Rufain, ac am y dair canrif gyntaf o'i hanes, crefydd anghyfreithlon oedd hi. Ni allai Cristnogion bryd hynny ddal swyddi cyhoeddus na chodi addoldai, a gallent golli eu heiddo, a chael eu herlid, yn ôl mympwy rheolwr lleol neu'r Ymherawdr ei hun. Bryd hynny cwmni dethol oedd yr Eglwys - nid ar chwarae bach yr ymunai neb â chwmni y gallai perthyn iddo fod mor gostus.

Yna, yn ôl yr hanes, yn gynnar yn y bedwaredd ganrif, cafodd yr Ymherawdr Cystennin weledigaeth a barodd iddo ffafrio Cristnogaeth, ac yn 313 gwnaeth Gristnogaeth yn grefydd gyfreithlon. O hynny ymlaen, ni châi Cristnogion eu herlid, gallent dderbyn swyddi cyhoeddus, a chodi addoldai. Yn 389 gwnaeth yr Ymherawdr Theodosius Gristnogaeth yn grefydd swyddogol yr Ymerodraeth. Daeth yn fantais, felly'n ffasiwn, a gyda hyn yn orfodaeth, i fod yn Gristion. Y berthynas newydd hon rhwng yr Eglwys a'r wladwriaeth oedd 'byd cred'.

Newidiodd byd cred feddylfryd Cristnogaeth. Cyn hynny dadleuai rhai meddylwyr Cristnogol bod rhyfel yn groes i ffordd Iesu, ond wrth i'r berthynas newydd ddatblygu, cydnabyddai'r Eglwys hawl gwlad i fynd i ryfel o dan rhai amodau. Ymhen amser gallai hyd yn oed cenhadaeth gyfiawnhau rhyfel! Newidiwyd y darlun o Iesu hyd yn oed. Nid oedd Ymerodraeth Rufain eisiau gŵr 'dirmygedig' yn arwr ei ffydd swyddogol - yn enwedig un yr oedd hi ei hunan wedi ei ladd. Ond gwnâi Iesu buddugoliaethus a dyrchafedig yn eistedd ar ddeheulaw Duw y tro i'r dim.

Ymhen hir a hwyr ymdebygodd yr Eglwys fwyfwy i'r wladwriaeth, gan ddatblygu ei deddfau a'i llysoedd a'i diplomyddion a'i thiroedd a'i byddin ei hun. Cafwyd ambell brotest yn erbyn y fath fydolrwydd, ond dros y canrifoedd, at ei gilydd yr oedd yr Eglwys sefydliadol yn hapus i gyfaddawdu.

Parhaodd byd cred mewn rhyw ffurf arno yn y Gorllewin tan yr ugeinfed ganrif. Ceir ei olion o hyd – pennaeth Eglwys Loegr yw'r Frenhines, ac mae ei hesgobion yn eistedd yn Nhŷ'r Arglwyddi. Ond erbyn hyn, i bob pwrpas daeth byd cred, y berthynas hir rhwng yr Eglwys, a gwladwriaeth a chymdeithas, i ben. Nid yw'n ffasiwn na mantais bod yn Gristion nawr, heb sôn am fod yn orfodaeth neu'n wasgfa. Yn y Gorllewin, yr ydym oll yn byw heddiw mewn cymdeithasau secwlar. Dyma'r newid mwyaf yn hanes Cristnogaeth y Gorllewin ers dwy ganrif ar bymtheg, un mwy o lawer na'r Diwygiad Protestannaidd. Ymateb i'r newid hwn yw rhan fawr iawn o'r her i Gristnogion heddiw.

Byddai'n rhyfedd pe na bai ymryddhau oddi wrth ganrifoedd o fyw yn *the Constantinian cocoon*, wedi agor llygaid llu o Gristnogion nid yn unig i niwed dulliau ymerodrol ac awdurdodol y gorffennol o feddwl am y ffydd, ond hefyd i ffyrdd o'i deall mwy addas ar gyfer eu bywyd cyfoes. Mae'r ymgais i ddisgrifio'r ffyrdd hynny'n un cyffrous y dyddiau hyn. Gobeithio y cyflwyna'r llyfr hwn beth o gyffro'r ymgais hwnnw.

Mae cyfrol newydd yn gyfle i wneud iawn am gyfleoedd a gollwyd mewn cyfrol gynharach. Yr oeddwn yn ddyledus wrth ysgrifennu fy llyfr diwethaf, 'Y Nadolig Cyntaf', am gael benthyg llyfr anhepgor Raymond Brown, *The Birth of the Messiah* drwy law'r Parchg Islwyn Davies. Fe'm swynwyd gan y llun a roddais ar glawr 'Y Nadolig Cyntaf' ymhell cyn i mi freuddwydio ysgrifennu'r llyfr, ond pan ddaeth yn amser cyhoeddi, methais â chael copi o'r llun. Dywedais hynny wrth y darllenwr eang y Parchg Cynwil Williams. Yr oedd ganddo gopi sbâr o'r llyfr y gwelswn y llun ynddo - a rhoddodd ef i mi! Aeth 'Y Nadolig Cyntaf' i'r Wasg ar ychydig o frys braidd yn y diwedd, methais arddel y ddau gyfaill hyn bryd hynny, ond diolchaf iddynt nawr.

Bu adeg pan fyddai mynd ar lyfr Cymraeg ynghylch ffydd, ond prif fwydlen darllenwyr Cymraeg heddiw yn rhwydd ac o ddigon, yw hunangofiannau eu selebs ac ambell ffuglen. Llyfrau fel y rheiny sydd o bwys wedyn, o raid, i wasgfeydd y mae cyhoeddi'n fara a chaws iddynt. Diolch felly am wasgfeydd sy'n rhydd i ddilyn gwerthoedd eraill, gan gynnwys y Wasg sy'n cyhoeddi'r gyfrol hon, Gwasg John Penri, a diolch am gefnogaeth Cyngor Llyfrau Cymru.

Byddai'r gyfrol hon yn llai cywir pe na bai John Evans, Clydach, cymwynaswr cyson, a Miranda Jones, Abertawe hefyd, wedi edrych drosti ac awgrymu gwelliannau. Diolch iddynt am eu gwaith. Diolch hefyd i'r Parchg Ddr Geraint Tudur, Ysgrifennydd Undeb yr Annibynwyr Cymraeg a ofalodd yn dda amdanaf fi drwy'r broses o gael y llyfr hwn i glawr. A diolch, nid am y tro cyntaf, ond â'r un pleser a pharch, i Gareth Richards, David Jones a Catrin Thomas o Wasg Morgannwg am raen eu gwaith, a'u cwrteisi di-ffael. Diolch yn arbennig i Gareth am ddylunio'r clawr hefyd.

Mae awduron a fu'n gymorth i mi mewn bywyd, llawer ohonynt wedi dylanwadu ar y llyfr hwn, yn aneirif, ond bûm yn arbennig o ddyledus ers tro, fel y gwelir yn yr ysgrif olaf, i'r Sais,

Neville Ward. Yn fwy diweddar, elwais ar waith Edward Farley,
cyn-Athro Diwinyddiaeth ym Mhrifysgol Vanderbilt yn
Nashville, Tennessee, a Rowan Williams, Archesgob Caergaint
erbyn hyn. Arbedodd y naill fi oddi wrth y math ar ryddfrydiaeth
ddiwinyddol a chwythodd ei phlwc, ac arweiniodd y llall fi heibio
i sawl anhawster ynghylch cred.

Hoffwn gydnabod yma hefyd fy niolch dwfn i seintiau tawel
a'm hebryngodd i ar fy mhererindod dros y blynyddoedd, yma
yng Nghymru, a hefyd yn yr Unol Daleithiau, lle y gwasanaethais
am bymtheng mlynedd olaf fy ngweinidogaeth.

Diolchaf hefyd am rieni gofalgar, iechyd da, hir oes, ambell
gyfaill gloyw, parch caredig Anna a Heledd at eu tad, a gofal
mawr Mary am ei gŵr. Diolchaf i Dduw am y llinyn aur sy'n
rhedeg drwy hanes dynoliaeth o Abram hyd at Iesu, ac oddi
wrtho ef lawr at ein dyddiau ni - y stori fawr a'm bugeiliodd i
drwy droeon yr yrfa. Diolchaf am yr Eglwys sydd, er ei diffygion,
wedi cyfleu i mi y gobaith am y maddeuant dwyfol *'that lifts from
us the burden of irreversibility'* - sy'n mynd yn bwysicach gyda'r
blynyddoedd.

Ffydd

Y Duw Mentrus

Darluniau plant o Dduw

Pan oeddwn yn blentyn, fy narlun i o Dduw'r Creawdwr oedd wyneb ar ffurf lleuad lawn, wyneb agored, golau, heb na gwallt, aeliau na chlustiau, na chrychau i awgrymu oedran. Yr oedd mwy nag awgrym o floneg yn y bochau, ond heb gorff nid oedd na thal na byr. Yr oedd ganddo drwyn smwt, gwefusau'n gwenu, a llygaid llon i gyfannu argraff o Dduw braf, rhadlon.

Dywedodd ffrind wrthyf mai ei ddarlun ef yn blentyn o Dduw oedd dyn crand - un tal, main, trwsiadus yn gwisgo het silc. Ni wn ble mae dechrau dyfalu ynghylch tarddiad fy nelwedd i, oni bai fod cyswllt rhyngddi a'r syniad bod Duw lan yn y gofod yn rhywle. Ond gwyddai fy ffrind o ble y cawsai ei ddelwedd ef. Fe'i maged yn Lerpwl, a phan ddeuai aelodau o'r teulu brenhinol ar y trên i Lerpwl, fel y gwnâi rhywrai ohonynt yn rheolaidd bryd hynny meddai, âi ei dad ag ef i'r orsaf i'w gweld yn cyrraedd. Yno'n sefyll ar garped coch ar y platfform yn eu disgwyl byddai'r gorsaf-feistr, dyn crand - un tal, main, trwsiadus yn gwisgo het silc!

Darluniau Diweddarach

Am gyfnod wedi fy mhlentyndod, fy narlun o Dduw oedd o hynafgwr. Nid un gwan, methedig, truenus, ond un cyhyrog, cryf â golwg ddifrifol, urddasol arno. Darlun a dderbyniais efallai oddi wrth yr un o Dduw'n creu Adda a baentiwyd gan Michelangelo ar nenfwd y Capel Sistinaidd yn Rhufain. O gofio gwaharddiad yr Hen Destament rhag gwneud delw ohono, mae unrhyw ddarlun Cristnogol o Dduw'r Creawdwr yn rhyfeddod, ond o'i ddarlunio, ac yntau'n Dad i oedolyn o Fab, ni allai fod yn ifanc.

Canlyniadau Delweddau

Erbyn hyn nid oes gennyf ddarlun o Dduw'r Creawdwr. Meddwl am ei nodweddion y byddaf. Mae hynny'n ddoeth oherwydd gyda'r blynyddoedd bydd pob darlun o Dduw'n casglu gweddau negyddol. Ar un adeg yr oedd y darlun ohono fel brenin y brenhinoedd yn ffordd naturiol o fynegi ei fawredd. Ond rhoddai'r darlun hwnnw fendith ar y frenhiniaeth ddaearol, gan ei gwneud i rai'n sefydliad 'o ddwyfol ordinhad', fel bo gwrthryfela yn erbyn brenin ymhen amser yn ffurf ar annuwioldeb yn eu golwg. Mae'r darlun o Dduw fel gwryw hefyd, darlun anochel mewn diwylliannau patriarchaidd, wedi tyfu'n gadarnhad o wrywdod yn gyffredinol. Aeth y diwinydd Rosemary Ruether mor bell â dweud, *'If God is male, then male is God'!* Bu darlun gwrywaidd o Dduw yn hwb hefyd i Babyddion a gred y dylai offeiriad fod yn wryw, hyd yn oed pan fynnant mai gwrywdod Iesu a'i ddisgyblion yw eu prif ddadl. (Yr un fath ag Anglicaniaid a gred y dylai esgob fod yn wryw.) Nid oedd yn fantais i gaethweision America chwaith mai gwyn oedd darlun eu perchnogion o Dduw.

Mae canlyniad anffodus heddiw i'r darlun o Dduw fel hynafgwr hefyd. Yn y gorffennol cysylltwyd henoed â doethineb posibl a gasglwyd o brofiad helaeth o fywyd. Eithr nid doethineb piau hi nawr ond gwybodaeth, ac ym myd gwybodaeth, yr ifanc sydd ar y blaen heddiw mewn cynifer o feysydd, yn arbennig rhai technolegol, sydd mor ddylanwadol yn ein hoes ni. Os bydd eisiau recordio rhaglen ar y teledu yn ein tŷ ni, aros i unrhyw un o'r wyrion alw heibio y bydd fy ngwraig a minnau. Mae amser er pan ysgrifennodd J. B. Phillips ei lyfr *'Your God Is Too Small'*, ond ynddo soniodd am arbrawf a wnaed â chant o fyfyrwyr. Rhoddwyd iddynt ddeg cwestiwn â'r cais i'w hateb bob un yn gyflym. Un cwestiwn a osodwyd ymhlith y lleill oedd, 'A yw Duw'n deall radar?' Yr atebion, gant y cant, oedd 'na'. Gwenu wnaeth y myfyrwyr wedi sylweddoli'r hyn a ddywedasant, ond yr oedd y gath allan o'r cwd. Yn eu hisymwybod, henwr yw Duw, na all ddeall offer modern - bod yn hen yw bod 'allan ohoni'!

Dim Lle i Dduw

Ystyriwyd Duw yn un 'allan ohoni' yn y cyfnod modern am resymau heblaw henaint. Yn y ddeunawfed a'r bedwaredd ganrif ar bymtheg, gwelai gwyddoniaeth y cread fel byd llawn sylweddau solet yn cael eu symud gan bwerau - byd *'mass and motion'* y ffisegwr Isaac Newton. Byd oedd hwnnw heb le ynddo i ryddid ewyllys, na chwaith i werthoedd a chelf, heb sôn am Dduw. Yna symudodd gwyddoniaeth ymlaen a deallwyd mai egni cudd oedd hanfod popeth, mai prysurdeb anweledig o atomau ac is-atomau'n newid eu patrymau'n ddiddiwedd, yw hyd yn oed y pethau mwyaf cadarn eu golwg i ni. Ond nid oedd lle i Dduw yn y byd newydd hwnnw chwaith, heblaw fel esboniad ar yr hyn nad oedd gwyddoniaeth wedi ei esbonio eto - *'God of the gaps'* Henry Drummond. A phe deuai dydd y byddai gwyddoniaeth wedi esbonio popeth ond cychwyn diachos y cyfan (ni allai esbonio hwnnw gan mai egwyddor achos-ac-effaith yw hanfod gwyddoniaeth), efallai y gellid ystyried Duw fel cychwynnydd y broses, 'gwneuthurwr cloc' o Dduw fel petai. Ond wedi gwneud y cloc, a'i weindio, a'i ddechrau, ni fyddai dim mwy i Dduw ei wneud wedyn, Duw allan o waith fyddai - Duw segur.

Ymateb 'Proses'

Ymateb i'r deall cyfyng hwn o fyd a bywyd wnaeth Alfred North Whitehead. Wedi iddo ymddeol o Gadair Mathemateg Caergrawnt, gwahoddwyd ef i Gadair Athroniaeth Harvard yn yr Unol Daleithiau. Yno, ym 1929, lluniodd Athroniaeth Proses, a wrthodai'r llun o'r cread fel byd caeedig, gorffenedig, a rhoi yn ei le y syniad o fyd yn mynd drwy broses barhaol. Bwriad Whitehead oedd esbonio'r byd mewn modd a arddelai wybodaeth wyddonol gyfoes, ac a ddangosai fod lle yn y cread hefyd i ryddid ewyllys a gwerthoedd a chelf.

Gwelodd rhai meddylwyr Cristnogol bosibiliadau diwinyddol yn athroniaeth Whitehead, a datblygodd yr Americanwr Charles Hartshorne ac eraill, Ddiwinyddiaeth Proses. Yn ôl Diwinyddiaeth Proses, nid un segur y tu allan i'r holl drefn yw Duw, ond un sy'n cyfrannu at ei phrosesiad, ac yn wir sy'n rhan o'r broses ei hun. Er na chyrhaeddodd y syniad hwn drwch y Cristnogion sy'n addoli o Sul i Sul, mae trafod Duw fel rhan o broses wedi gafael yn y byd meddyliol Cristnogol. Teitl un o lyfrau Karen Armstrong, y Saesnes fu'n lleian am saith mlynedd, yw 'A History of God; a 'A Biography of God' yw teitl llyfr gan yr Americanwr Jack Miles (llyfr a enillodd Wobr Pulitzer).

Atomeiddio Cymdeithas

Erbyn hyn, dylanwadwyd ar y syniad o Dduw o gyfeiriad cwbl wahanol hefyd, o gyfeiriad y newidiadau cymdeithasol a ddigwyddodd yn ein cyfnod ni. Mae'r byd cymdeithasol fel pe bai'n efelychu byd mater nawr, mae atomeiddio ac is-atomeiddio cymdeithas hefyd wedi digwydd. Mae mwy a mwy o bobl, yn arbennig yn y Gorllewin, yn eu gweld eu hunain, nid fel personau sy'n etifeddu dosbarth a thynged eu rhieni, ond fel unigolion â chanddynt freuddwydion personol y gallant wneud rhywbeth ynghylch eu cyflawni. O ganlyniad mae arferion a moesau, a hyd yn oed deddfau cymdeithas, a fu gynt yn araf iawn, iawn i newid, yn newid yn gyflym heddiw i gyfarfod â dyheadau pobl.

Mwy o Ddewisiadau

Mesur o'r holl newid hwn yw nifer ac amrywiaeth y dewisiadau sydd gan bobl heddiw, mewn nwyddau a galwedigaeth a gweithgareddau hamdden a gwyliau a ble i fyw a sut mae byw a beth i'w gredu. Ac ni ellir gorfodi atebion ar neb mwyach, mae pawb yn mynnu dewis drostynt eu hunain. Mewn ymateb i hynny, mae'r Llywodraeth nawr yn cynnig mwy a mwy eto o ddewisiadau i bobl, megis dewisiadau o ysgolion i blant, ac o feddygon ac ysbytai i gleifion. Cyfrannodd globaleiddio a phlwralistiaeth at yr amrywiaeth aruthrol cyfoes o ddewisiadau. Heddiw, mae'r byd yn archfarchnad o ddewisiadau. Gall eu nifer a'u maint a'u cymhlethdod ein parlysu, a bydd rhai'n ceisio osgoi gwneud dewisiadau, ond mae osgoi gwneud dewis yn ddewis hefyd.

Mae gennym ddewisiadau lu i'w gwneud fel cymdeithas yn ogystal ag fel unigolion - sut gymdeithas y mynnwn fyw ynddi, un â phawb ynddi'n mynd ei ffordd ei hun, neu un ag iddi gyfyngiadau, ar yfed, ar rywioldeb, ar ein defnydd o'n ceir, heb sôn am newid genynnau planhigion, a bod yn rhan o'r Undeb Ewropeaidd. Mae gan gymdeithasau y tu fewn i'r gymdeithas ehangach hefyd ddewisiadau niferus i'w gwneud, gan gynnwys eglwysi.

Duw Digyfnewid?

Nid yw eglwysi at ei gilydd yn gymdeithasau rhy barod i newid, a hyd yma un o'u ffyrdd o osgoi gwneud dewisiadau'n ymwneud â'u ffydd, yw drwy sôn am Dduw ei hun fel un digyfnewid - syniad â hanes hir iddo. Dylanwadodd athroniaeth Groeg yn fawr ar feddwl y Cristnogion cyntaf, a diffiniai'r Groegwyr dduwdod fel y gwrthwyneb i ddyndod. Felly mae Duw'n ddigyfnewid oherwydd bod personau'n gyfnewidiol. Ysgrifennodd Philo, Iddew o Alecsandria, meddyliwr dylanwadol a oedd yn byw yr un adeg â Iesu, draethawd 'Ar Natur Digyfnewid Duw'; a dyna un o nodweddion Duw yn y meddwl Cristnogol yn gynnar iawn. Credai Irenaeus (130 - 200), un o feddylwyr mawr yr Eglwys gynnar, nad oedd gan Dduw 'hanes', gan na pherthynai i drefn achos-ac-effaith ein byd ni. Effeithiodd y gred bod Duw'n ddigyfnewid ar Gristnogaeth lawr drwy'r canrifoedd. Bu'r gred yn gysur mawr i Gristnogion aneirif ar eu pererindod drwy fyd y mae anwadalwch pobl a thraul amser yn rhan anorfod a beichus ohono. Gwaetha'r modd, bu hefyd yn gyfiawnhad, ac weithiau'n esgus, i Gristnogion beidio â newid pan ddylent. Ac mae'n dal i fod.

Ehangu'n Syniad o Dduw

O dro i dro yn y gorffennol, parodd newid yn eu hamgylchfyd i gredinwyr ehangu eu syniad am Dduw. Er enghraifft, yn yr Hen Destament, ar y cyntaf credai'r Israeliaid mai eu Duw hwy'n unig oedd Duw. Ond pan gawsant eu concro gan genhedloedd a addolai dduwiau eraill, fe'u gorfodwyd i ofyn sut y gallai hynny fod os mai eu Duw nhw oedd y gwir Dduw. Daethant i'r casgliad mai defnyddio cenhedloedd eraill weithiau i'w cosbi nhw, ei bobl ei hun, a wnâi Duw, 'gwialen llid Duw' oedd eu concwerwyr (Eseia 10, 5-11). Yr oedd Duw felly'n Dduw y cenhedloedd eraill hefyd, er na wyddent hwy hynny. Dyna sut y daeth yr Israeliaid i ddeall bod y Duw a oedd yn Waredwr iddynt hwy, yn Arglwydd hanes yn ogystal.

Yn yr un modd, gyda'r newidiadau a ddilynodd y cynnydd cyfoes mewn dewisiadau, agorwyd y ffordd i Gristnogion ailddarganfod y ffaith nad Duw digyfnewid yw Duw'r traddodiad Beiblaidd. Wrth ddisgrifio'r math ar Dduw a wêl ef yn yr Hen Destament, sonia'r ysgolhaig Beiblaidd Americanaidd Walter Brueggemann am weddau cyson, dibynadwy o natur Duw. Eithr dim ond am ddwy o'r rheiny y sonia! Un yw fod Duw'n agor bywyd allan lle bynnag y bydd digalondid neu negyddiaeth neu ormes yn ei gyfyngu, a'r llall yw fod Duw'n anghysurus byth a hefyd â threfniadau cymdeithasol-economaidd y bydd ein byd ni yn eu cymryd yn ganiataol. Ond sonia am Dduw'r Hen Destament fel un â nifer o weddau cyfnewidiol yn perthyn iddo! 'Nid Duw sefydlog yr holwyddoreg eglwysig yw hwn...ond Duw anodd dod o hyd iddo, un yr ysgrifennwyd y dystiolaeth amdano mewn Hebraeg, iaith sy'n gyfrwng bendigedig i awgrymu'r hyn sy'n guddiedig ac amhenodol ac amwys. Gall y Duw hwn fynd a dod, barnu a maddau, siarad a chadw'i gyngor - mewn ffyrdd a wna'r cyfarfyddiad nesaf ag ef yn llawn ansicrwydd diwaelod. Dirgelwch ar gerdded yw, a'r anian hwnnw ynddo'n gyrru'r salmydd hyd at eithaf ei ddychymyg, ac yn tynnu allan o'r proffwydi ddelweddau beiddgar a throsiadau tramgwyddus.'

Cyhuddir crefyddwyr gan rai, o greu Duw ar eu delw eu

hunain, allan o nodweddion dynol, ac efallai y cyhuddai rhai Brueggemann o wneud hynny yn ei ddisgrifiad ef ohono. Eithr awgrymodd un diwinydd nad ni sy'n tadogi ein nodweddion dynol ar Dduw, ond mai nodweddion Duw sy'n ymddangos ynom ni, er eu bod yn ymddangos yn amherffaith ac anghyflawn ynom ni. Hynny yw, os dywedwn ni bod Duw'n un y mae gweddau cyfnewidiol yn perthyn iddo, efallai nad tadogi'n nodweddion ni ar Dduw a wnawn, ond cydnabod bod yna weddau cyfnewidiol yn Nuw sydd i'w gweld 'trwy ddrych' ein bywydau ni, ei greaduriaid!

Dewis a Menter

Ond yn ôl at y cwestiwn o ddewis. Weithiau ystyriwn yn ddewis, opsiwn y mae'r elfen o ddewis ynddo'n fach, os yn elfen o gwbl. Pe dywedai meddyg wrth ddyn y bydd farw mewn pythefnos os na chaiff lawdriniaeth, ni fyddai'r mwyafrif yn ystyried bod hynny'n gadael fawr o ddewis. Mae'r ffeithiau eisoes wedi gwneud y dewis.

Ar y llaw arall, mae rhai dewisiadau'n agored led y pen, ac yn boenus o fentrus, megis mam yn gorfod dewis cael erthyliad ai peidio os oes nam ar y baban yn ei chroth. Ond maint y fenter sydd ynghlwm wrtho, yw'r mesur o bwysigrwydd dewis, ac mae pobl heddiw, yn unigolion ac yn gymdeithasau, nid yn unig yn wynebu mwy o ddewisiadau, ond yn wynebu dewisiadau â mwy o fenter ynghlwm wrthynt.

Menter a Bywyd

Mae menter yn rhan o wead ein bywydau personol a chymunedol ni i gyd, oherwydd rhaid i ni wneud ambell ddewis heb allu rhagweld ei ganlyniadau. Os yw'n ddewis o bwys, gall un ffordd arwain at lwyddiant, a ffordd arall at ddrychineb - trychineb amhosibl i'w ddadwneud efallai. Mae dewis gan brif weinidog i fynd i ryfel yn enghraifft dda. Ond gall fod mwy na digon o fenter i ni yn y dewisiadau a fydd yn ein hwynebu ni nad ydym yn brif weinidogion! A ddylai menyw fynd i weld ynghylch y lwmpyn yn ei bron neu ei adael a gobeithio yr aiff i ffwrdd ei hunan? A ddylai mam sefyll ei thir pan fydd ei chymar yn ei thrafod yn annheg, gan wybod y cyll ei dymer os gwnaiff hynny, neu a ddylai gnoi ei thafod bob tro - er mwyn y plant? A ddylai dyn weithio'n ddi-ffws gyda dynion sy'n dda yn eu ffordd, ond sydd byth a hefyd yn cael hwyl ar ben gwragedd a thlodion a hoywon, neu a ddylai ddweud rhywbeth? A ddylai cynulleidfa wan uno ag eglwys sy'n llawer mwy niferus na hi, ac a allai ei llyncu?

Ac weithiau, i gymhlethu pethau, bydd y dystiolaeth o blaid un ffordd cyn gryfed â'r dystiolaeth o blaid ffordd arall. Cefais i ddewis mawr a newidiodd gyfeiriad fy mywyd unwaith. Hyd yn oed wrth edrych yn ôl dros ysgwydd y blynyddoedd, ni allaf ddweud a oedd y ffordd a gymerais yn fwy 'iawn' na'r ffordd arall.

Pwysigrwydd Menter

Eithr bydd osgoi mentro yn golygu condemnio'n hunain i ormes yr awydd i fod yn ddiogel a sicr bob amser, a golyga hynny beidio ag ymarfer rhai o'n cymwysterau dynol pwysicaf. Yn bwysicach, mentro yw un o'r ffactorau mewn bywyd sy'n gwneud 'hunan' ohonom, drwy roi stori i ni (neu i eglwys). Mae osgoi mentro'n golygu hefyd osgoi sefyllfaoedd y dysgwn ynddynt am gael ein derbyn a chael ein gwrthod, am lwyddiant a methiant, am ffydd ac amheuaeth. Golyga ddilyn y reddf i'n cysgodi ni ein hunain, greddf nad yw fyth ymhell oddi wrth ddiffrwythdra.

Duw a Menter

Mae gwasgfa'r ffenomenon hwn o ddewisiadau a menter ynghlwm wrthynt, wedi peri i rai Cristnogion heddiw ofyn a oes a fynno Duw â menter yn ogystal ag â newid a dewis.

Ym 1989 cafwyd anerchiadau cyhoeddus yng Nghaeredin gan chwe Anglican amlwg, ar le menter mewn ffydd. Casglwyd yr anerchiadau a'u cyhoeddi'n llyfr gan Richard Holloway, Esgob Anglicanaidd Caeredin ar y pryd. Yn y Rhagymadrodd disgrifiodd Holloway waith Duw yn creu'r byd fel *'the very paradigm of risk'*. Pan grëwyd y byd, meddai, aeth Duw allan i amser a gofod, nid i lywodraethu'r byd yn fanwl ym mhob dim, ond i gymryd y fenter o ollwng yr awenau'n rhydd ar ysgwydd creadigaeth annibynnol.

Â Holloway ymlaen i ddisgrifio'r Ymgnawdoliad yn y Testament Newydd fel ailadrodd o'r fenter fawr o greu. Awgrymodd y llenor Americanaidd, Frederick Buechner, fod yr angel Gabriel, pan ddywedodd wrth Fair y byddai hi yn rhoi genedigaeth i Iesu, yn gobeithio na allai hi weld ei fod ef ei hun yn crynu mewn ofn i feddwl bod dyfodol y cread yn dibynnu ar groten ifanc. Yr oedd y Geni ei hun, wrth gwrs, yn agored i beryglon camesgor a geni cyn pryd - a beth oedd ystadegau marw babanod a phlant yn Jwdea yn y ganrif gyntaf?

Yn ôl Ida Gorres, awdur Pabyddol Almaenig a ysgrifennai yn nhridegau'r ganrif ddiwethaf, dechreuodd menter Duw yn ei waith fel Duw Israel. Wrth ddarllen Llyfr y Barnwyr, myfyriodd Gorres ar yr hyn a olygai i Dduw i glymu ei hunan wrth yr Israeliaid bryd hynny, mewn cyfamod santaidd. Golygai, meddai hi, iddo fentro cael ei ystyried gan yr Israeliaid yn eilun llwythol ar adeg gwaedlyd iawn yn eu hanes. Golygai iddo fentro cael ei ddehongli ganddynt fel gwarant i ryfel a thrais. Golygai iddo fentro cael ei ddefnyddio ganddynt i gyfiawnhau hil-laddiad a therfysgaeth, ac yn erfyn gormes. (Yr elfen achubol, meddai Gorres, oedd bod yn y deall o Dduw yn Llyfr y Barnwyr ryw ynni beirniadol cuddiedig a arweiniai gyda hyn at Dduw Eseia'r Ail.)

Mae menter yn parhau yn yr efengylau, yn eu neges am Iesu'n ymddangos yn hanes ein byd ni. Oherwydd lle yw hanes y mae geiriau, er enghraifft, nid yn unig yn cael eu camddeall ynddo, ond yn cael eu llurgunio'n aml. "Gwerth dy glogyn a phryn gleddyf" meddai Iesu y noson y bradychwyd ef: "Edrych Arglwydd" meddai'r disgyblion, yn ddall i'r eironi, "dyma ddau gleddyf." Gellir camddeall a llurgunio gweithredoedd hefyd: dewis ffordd y groes wnaeth Iesu, ond "....ni all ei achub ei hun" meddai'r archoffeiriaid a'r ysgrifenyddion a'r henuriaid wrth ei wawdio. Mentrodd Duw hynny oll er mwyn cyfathrebu â ni, medd Gorres.

Menter a Ffydd

Mae menter yn rhan anhepgor o ffydd y Cristion, wrth gwrs. Hyd yn oed os ydym wedi ein magu yn y ffydd, ac wedi tyfu i mewn iddi fel petai, daw adeg pan sylweddolwn fod crefyddau eraill ar gael, ac nad oes gennym mo'r amser na'r wybodaeth i archwilio pob un ohonynt yn fanwl ac yna gwneud dewis 'goleuedig' rhyngddynt. Yn yr ystyr hwnnw, mae anffyddiaeth llawn cymaint o fenter hefyd. Dyna natur unrhyw olwg gynhwysfawr ar fywyd. Nid oes gan neb ohonom droedle sy'n ein galluogi i weld darlun cyfan bodolaeth gyda phendantrwydd terfynol. Dyna pam y soniwn am ffydd.

Teimla llawer o Gristnogion heddiw fod eu profiad hwy o fyw eu ffydd yn galw arnynt i fentro ailedrych ar rai o'u meddyliau am yr efengyl, a'u hagweddau at Dduw. I eraill, gweithiodd hen feddyliau ac agweddau'n dda iddynt hyd yma, nawr maent hwy eu hunain yn hŷn, mae newid meddwl yn anos, nid oes modd dweud ble yr aiff unrhyw newid â nhw, nid oes amser hir gyda nhw ar y ddaear yma eto, dim ond i bethau barhau am ychydig gall eraill wneud fel y mynnont wedyn. I eraill eto, mae mentro newid meddwl ac agwedd yn amhosibl oherwydd eu hymlyniad wrth ryw ideoleg diwinyddol.

Bydd mentro bob amser yn anos i rai, o ran eu natur, nag i eraill, ond pa mor anodd bynnag y bydd i ni'n bersonol, mae'n bwysig i ni beidio â gadael i'n bywydau gael eu llywodraethu gan ansicrwydd a phryder ac ofn a bodlonrwydd ac ystyfnigrwydd a gorhyder - hyd yn oed o dan gochl gochelgarwch! Os gwnawn hynny, yna fe gollwn fywyd, fe gollwn ein hunain. Ac os yw Duw'n derbyn menter fel amod ei ddelio Ef â ni a'r byd, sut allwn ni osgoi menter heb osgoi Duw ei hun. A rhaid peidio ag ofni'r methiant a all ddilyn mentro, oherwydd un peth digyfnewid ynghylch Duw yw bod ganddo bob amser faddeuant i ni, y maddeuant y cyfeiriais ato yn y Rhagair uwchben, yng ngeiriau

Browne Barr, gweinidog o Galiffornia, y maddeuant *'that lifts from us the burden of irreversibility'*.

Mewn materion o bwys, yn enwedig rhai sy'n effeithio ar fywydau pobl eraill, rhaid bod yn gyfrifol a doeth. Ond rhan bwysig iawn o fywyd i ni sy'n Gristnogion, yn unigolion ac eglwysi, yw mentro, oherwydd dyna un o'r ffyrdd y byddwn drwyddo'n dod i adnabod y Duw mentrus yn well o hyd, ac yn tyfu'n debycach iddo.

Y Drindod

O bob athrawiaeth Gristnogol, mae'n siŵr mai Athrawiaeth y Drindod, yr athrawiaeth gyntaf i gael ei derbyn yn ffurfiol gan unrhyw gyngor eglwysig, yr athrawiaeth sy'n dweud bod Duw'n un ac yn dri, yn Dad a Mab ac Ysbryd, yw'r anoddaf i'w deall i bawb y tu allan i'r Eglwys - ac i'r mwyafrif y tu mewn iddi?

Gwreiddiau'r Athrawiaeth yn yr Hen Destament

Nid yw'r athrawiaeth - nid yw'r gair 'trindod' - yn y Beibl. Wedi i'r Beibl gael ei ffurfio y lluniodd yr Eglwys yr Athrawiaeth. Ond mae'r syniad o Dduw'n fwy nag un 'person' i'w weld i ddechrau yn yr Hen Destament, fel yn yr hanes yn Genesis 18 am dri negesydd yn ymweld ag Abraham. Am ganrifoedd y tri negesydd yna oedd delwedd yr Eglwys o'r Drindod. Dyna ddelwedd sylfaenol y Drindod o hyd yn yr Eglwys Uniongred, a chafodd eicon o'r bedwaredd ganrif ar ddeg gan artist Rwsaidd, Andrei Rublev, sy'n darlunio'r digwyddiad, gryn sylw yn y Gorllewin yn ddiweddar. (Mae copi y tu mewn i glawr llyfr Cynwil Williams ar Rowan Williams.)

Mae'n amlwg bod yr hanes hwnnw wedi ei fwriadu i ddweud rhywbeth am Dduw, a'r hyn a ddywed yw nad 'monad' yw Duw, sef un 'peth' drwyddo draw. Awgrymir hynny hefyd mewn cyfeiriadau yn yr Hen Destament at y 'cyngor' dwyfol (gw. Salm 82.1), sy'n sôn am undod mewn amlder. Mae'r syniad o'r 'negesydd oddi wrth Yahweh' eto, sy'n aml yn troi allan i fod yr Arglwydd ei hun (Genesis 16.7-13), yn arwydd o gyfryngau dwyfol y gellir eu gwahaniaethu oddi wrth Dduw ac eto eu huniaethu ag Ef. Cynhyrchodd ysgrifennu fel yna am Dduw fath ar undduwiaeth sy'n pwysleisio ei unoliaeth ond sydd yn awgrymu nad yw'n unoliaeth syml.

Ei Gwreiddiau yn y Testament Newydd

Daw gweddau o natur Duw yn yr Hen Destament yn ganolog a phenodol yn y Testament Newydd. Cyfeirir at Dduw fel Tad yn Deut 32.6, Salm 68.5, a mannau eraill yn yr Hen Destament, ond yn y Testament Newydd sonia Iesu am Dduw fel Tad, ac fel ei Dad ef. Sonia Iesu amdano ef ei hun yn Fab iddo hefyd (Luc 10.22, Ioan.5,20). Yn yr ail adnod yn y Beibl (Genesis 1.2), dechrau'r creu oedd 'ysbryd Duw yn ymsymud ar wyneb y dyfroedd', ac yn ôl Luc (1.30-35), pan holodd Mair yr angel Gabriel sut y gallai esgor ar fab, gan nad oedd 'yn cael cyfathrach â gŵr', ateb yr angel oedd, "Daw'r Ysbryd Glân arnat..."

Hanes yr Athrawiaeth

Yn ystod y cyfnod cynnar yn hanes yr Eglwys, ceisiodd diwinyddion drefn feddyliol i fynegi'r amrywiaeth driphlyg hwn yn y duwdod, sef y Tad, a'r Mab, a'r Ysbryd, ac i ddisgrifio'r berthynas rhyngddynt. Wedi tua dau can mlynedd o drafod cwestiynau'n codi, dechreuwyd llunio 'Athrawiaeth y Drindod' yn ffurfiol mewn cyngor o ryw 300 o esgobion (mae'r ffigurau'n amrywio - gwahoddwyd 1800), a gynullwyd o wahanol rannau o'r byd Cristnogol gan yr Ymherawdr Cystennin yn 328, yn Nicea (Iznik yn Nhwrci heddiw), a lluniwyd Athrawiaeth y Drindod yn derfynol mewn cynhadledd arall yn 381, yng Nghaergystennin, a gynullwyd ar gais yr Ymherawdr y pryd hwnnw, Theodosius.

    Bu parch aruthrol gan Gristnogion tuag at waith diwinyddol y cyfnod hwnnw. Diwygiodd Martin Luther sawl athrawiaeth Gristnogol ond ni ddiwygiodd yr un o'r cyfnod hwn, ac o bob un ohonynt, Athrawiaeth y Drindod fu bwysicaf i Gristnogion. Mae'r mwyafrif o enwadau heddiw'n credu bod gwrthod yr Athrawiaeth hon yn gyfystyr â pheidio â bod yn Gristion. Rhan o ddiffiniad Cyngor Eglwysi'r Byd ohono'i hun yw cymdeithas o eglwysi sy'n '...ceisio cyflawni eu galwad ynghyd er gogoniant i'r un Duw, Tad, Mab ac Ysbryd Glân'. Nid yw na'r Crynwyr na Byddin yr Iachawdwriaeth yn credu yn Athrawiaeth y Drindod, felly aelodaeth rannol yn unig o Gyngor Eglwysi'r Byd sy'n agored iddynt hwy. Felly hefyd yr Undodiaid.

Undodiaeth

Darllenais am ddisgwyl mawr mewn cyfarfod o Sasiwn yr Hen Gorff yn Llambed yn nechrau'r bedwaredd ganrif ar bymtheg, oherwydd i si fynd ar led bod un o gewri'r enwad - John Elias? - yn mynd i bregethu yn erbyn Undodiaeth. Yr oedd Llambed, wrth gwrs, yn agos at gadarnle Undodiaeth yng Nghymru - y Smotyn Du! Ym 1999, ymddangosodd llythyr yn y *Western Mail* yn nodi, er bod Bwdydd wedi cymryd rhan yng ngwasanaeth sefydlu'r Cynulliad yng Nghaerdydd, na wahoddwyd neb i gynrychioli'r Undodiaid (ni welais ateb i'r llythyr!). Mae'r Crynwyr a Byddin yr Iachawdwriaeth yn anwybyddu'r Athrawiaeth fel petai, ond mae Undodwyr yn ei gwadu'n fwriadol a'u henw'n dangos mai dyna amcan gwreiddiol eu bodolaeth. Y nhw felly sy'n cario'r faner wrth-Drindodaidd yng Nghymru. (Nid yw'r Mormoniaid na Thystion Jehofa'n derbyn yr Athrawiaeth chwaith.)

Â gwreiddiau Undodiaeth yn ôl i ddwyrain Ewrop yn yr unfed ganrif ar bymtheg, ond cynnyrch yr Oes Olau yn y ddeunawfed ganrif yw Undodiaeth fodern. Eithr yng Nghymru, ni symudodd ymlaen yn feddyliol, hyd y gwelaf fi, fel y gwnaeth yn America. Eto, arweiniodd Undodwyr mewn tystiolaeth gymdeithasol mewn llawer man. James Reeb, a fu'n weinidog Undodaidd, oedd y cyntaf o gefnogwyr Martin Luther King, Jr. i gael ei ladd, a Martin Luther King draddododd y deyrnged yn ei angladd. Ond ers dechrau byd cred yn y bedwaredd ganrif, nid *orthopraxis*, sef gwneud y pethau iawn, y ffon fesur i ryw raddau o leiaf cyn hynny, ond *orthodoxia*, sef credu'r pethau iawn, a benderfynai pwy sy'n Gristion. Cofiaf Horst Symanowsky, caplan diwydiannol yn yr

Almaen, yn sôn yng Ngholeg William Temple yn Rugby, am rai yn yr eglwysi sy'n dweud ond heb wneud, tra bo rhai a adnabyddai ef mewn ffatrïoedd, na fynnent ddweud, ond a oedd yn gwneud - fel ymladd dros gyfiawnder i'w cyd-weithwyr.

Esgeuluso Athrawiaeth y Drindod

Er ei phwysigrwydd yng nghyffesiadau ac addoliad yr holl Eglwys bron drwy'r canrifoedd, esgeuluswyd yr Athrawiaeth ers amser. Gellid awgrymu rhesymau. Cafodd Cristnogion drafferth i'w hamddiffyn gerbron Iddewon a Mwslimiaid er enghraifft, sydd y naill a'r llall yn derbyn yr Hen Destament, ond sy'n credu bod athrawiaeth a ddywed bod Duw'n un ac yn dri yn wadiad, nid yn unig o synnwyr cyffredin, ond o'r gred sylfaenol mai 'un Duw sydd'. Cyhuddant hwy Gristnogion o aml-dduwiaeth.

Ond rhan o'r broblem hefyd yw iaith yr Athrawiaeth, oherwydd mae gan rai geiriau ynddi ystyron gwahanol heddiw i'r ystyron a roddwyd iddynt pan luniwyd hi - y gair 'person' er enghraifft. O'r dechrau cyntaf hefyd, codwyd cwestiynau na allai trwch Cristnogion heddiw gynnig ateb iddynt, wedi'r holl ganrifoedd! Er enghraifft, os oedd Iesu'n Dduw, ond wedi dod oddi wrth ei Dad nefol, ac yn ufudd iddo (Rhuf. 5,19), a oedd Iesu'n llai o Dduw, yn llai dwyfol, na'i Dad?

Aeth y diweddar Catherine LaCugna, Athro Diwinyddiaeth ym Mhrifysgol Babyddol Notre Dame gerllaw Chicago, a ysgrifennodd lawer am Athrawiaeth y Drindod, mor bell â sôn am *'the doctrine's defeat'*. Yn ei barn hi, â gwraidd hynny yn ôl mor bell â dadl yn y bedwaredd ganrif, rhwng y rhai a fynnai bod Duw'n Dad a Mab ac Ysbryd erioed, a rhai a fynnai nad oedd yn Dad a Mab ac Ysbryd erioed, ac mai pan weithredodd er mwyn ein hiachawdwriaeth ni y danfonodd ei Fab, ac y rhoddodd yr Ysbryd. Y rhai a ddadleuai fod Duw'n Dad a Mab ac Ysbryd erioed a enillodd yn y bedwaredd ganrif, ond yn anffodus, medd LaCugna, collodd yr Athrawiaeth wedyn ei chyswllt â'n profiad ni o Dduw mewn iachawdwriaeth. Aeth yn esboniad ar natur fewnol, tragwyddol Duw, ac fe'i trafodwyd mewn ffyrdd meddyliol anaddas i'w chynnwys - drwy ei dehongli'n llythrennol, a'i gwneud yn destun chwilfrydedd. Aeth yn athrawiaeth amherthnasol, ac annealladwy!

Gyda datblygiad dull manwl diwinyddion y Canol Oesoedd o feddwl, lledwyd y rhwyg rhwng Athrawiaeth y Drindod a'r profiad Cristnogol o iachawdwriaeth. Yna pan ddatblygodd ysbryd rhesymegol yr Oes Olau yn y ddeunawfed ganrif, (a'i bwyslais ar dderbyn dim ond yr hyn oedd yn hollol amlwg yn syth i reswm 'naturiol' pawb), ystyriwyd yr Athrawiaeth yn hollol afresymol, a chymerwyd ei lle gan gred mewn Duw nad oedd gwahaniaethau ynddo, Duw monolithig, unffurf, unigolyddol, anhanesyddol.

Dau Dduw

A siarad yn gyffredinol felly, yn ein diwylliant ni heddiw mae dau Dduw. Un yw Duw'r ymennydd a'r deall - y Duw sy'n gynnyrch meddwl ac ymresymu. Y llall yw'r Duw a gyflwynir i ni yn y Beibl, drwy hanes cenedl Israel, a chymeriadau'r Hen Destament, Abraham, Moses, Elias, Eseia ac yn y blaen, a Ioan a Pedr a Paul ac ati yn y Testament Newydd. Duw yw hwn â chanddo enw (Ydwyf yr hyn Ydwyf), a hanes, a Duw anodd ei ddeall yn llawn heb Iesu Grist.

Ers yr Oes Olau yn y ddeunawfed ganrif, a than yn ddiweddar, Duw'r ymennydd a'r deall, y Duw unigolyddol, fu bwysicaf. Yn ei waith mawreddog *The Christian Faith* (1820), cadwodd Friedrich Schleiermacher Athrawiaeth y Drindod yn ôl tan y diwedd, gan gredu nad oedd ganddi fawr o werth ymarferol, na fawr o gyswllt â ffydd. Yn ddiweddar, dywedodd y Pabydd Karl Rahner fod dylanwad y Drindod mor wan ar ffydd yr Eglwys heddiw fel pe cyhoeddid bod pedwerydd person wedi ei ddarganfod, achosai hynny llai o ffwdan na'r ymateb arferol i ddatganiad gan y Fatican ar foesoldeb rhyw!

Mae llawer o ymosodiadau ar Dduw heddiw. Ymddangosant yn ymosodiadau ar ffydd, a gall crefyddwyr boeni yn eu cylch. Ond mewn gwirionedd, ymosodiadau ar y Duw unigolyddol yw llawer ohonynt, medd Elizabeth Johnson, o Brifysgol Fordham yn Efrog Newydd, ac yn hytrach na phoeni yn eu cylch, dylai Cristnogion edrych arnynt fel cymwynas, am eu bod yn gwneud ailddarganfod y Duw Beiblaidd yn bosibl.

Ailedrych ar yr Athrawiaeth

Arweiniodd y teimlad bod angen ailedrych ar Athrawiaeth y Drindod at lawer iawn o ailfeddwl amdani yn ein dyddiau ni. Yn wir, wedi cyfnod hesb, bu canoli syfrdanol arni ers tro nawr, ac ymdrechion aneirif i'w hailddehongli, gan fynegi pwysleisiau newydd yn ei chylch. Sonia Elizabeth Johnson am dri phwyslais cyfoes.

1. Un yw ailgysylltu'r Athrawiaeth â'r profiad o iachawdwriaeth. Iddewon a addolai un Duw oedd y Cristnogion cynnar, ond daethant i weld bod Duw'r Tad yn cynnig iachawdwriaeth iddynt drwy weinidogaeth ei Fab Iesu, a bod y cynnig grasol hwnnw'n parhau drwy waith yr Ysbryd yn eu plith. Wrth fynegi eu deall o Dduw yn y patrwm hwn, ystwythwyd undduwiaeth i gynnwys Crist a'r Ysbryd. Mae'r Testament Newydd felly'n llawn hanesion, fformiwlâu, cyffesiadau a mawlganau a gweddïau, y cyfan mewn cywair triphlyg. Cario'r newydd da am iachawdwriaeth yn dod oddi wrth Dduw drwy Iesu yn yr Ysbryd y dylai'r symbol trindodaidd ei wneud, ac nid trin anian duwdod.

2. Un arall yw cofio mai sôn am ddirgelwch y mae Athrawiaeth y Drindod. Siaradwyd amdani'n rhy aml mewn iaith lythrennol ddisgrifiadol, fel pe baem yn edrych ar ddirgelwch Duw drwy chwyddwydr. Ond symbol yw'r Athrawiaeth, sy'n dangos ei wirionedd yn ôl gallu symbol i wneud hynny, hynny yw, yn drosiadol, yn farddonol - fel mae pob iaith grefyddol yn gweithio!

Er enghraifft, fel y nodais eisoes, nid yr ystyr a roddwn ni iddo heddiw oedd i'r gair 'person' yn yr Athrawiaeth pan luniwyd hi. Mae defnyddio'r gair 'person' yn ei ystyr cyfoes wrth siarad am y Drindod yn rhoi'r syniad o dri 'rhywun' gwahanol. Ond pan ofynnwn ni beth neu pwy yw'r tri, meddai'r diwinydd mawr Awstin (354-430), yn ei waith ef ar y Drindod, does dim gair digonol i gyfeirio atynt oherwydd bod duwdod yn goresgyn terfynau iaith. Ni allwn eu galw'n 'hanfodion' meddai, oherwydd gallai hynny olygu mwy nag un duw. Defnyddiwyd y gair 'person' meddai Awstin, nid er mwyn disgrifio'n gywir, ond er mwyn i ni beidio â gorfod bod yn dawel! Ganrifoedd wedyn soniodd Anselm o Gaergaint (1033-1109), am 'dri rhywbeth-neu'i-gilydd' neu dri 'wn i ddim beth'. Yr oedd meddyliau mawr diwinyddiaeth y gorffennol yn ymwybodol o natur farddonol neu symbolaidd y gair a gyfieithiwn ni heddiw yn 'berson.' Nid eu bwriad oedd iddo gael ei gymryd yn llythrennol. Yr hyn y mynnent hwy gyfeirio ato â'r gair hwn oedd dirgelwch y 'gwahaniaeth' rhwng Tad, Mab ac Ysbryd sy'n bod yng nghalon y duwdod. Mae eisiau i'r defnydd o 'berson' heddiw, meddir, fynd law yn llaw â gwybod nad ydym yn deall.

Yr un fath â'r ffigurau un a thri. I bob golwg saif y rhain am werthoedd mathemategol, ond nid dyna'r bwriad medd Awstin. Mae tri cherflun aur cydradd, meddai, yn cynnwys mwy o aur nag un, ac un yn cynnwys llai na thri. Ond nid felly y mae yn Nuw. Nid yw'r Tad a'r Mab a'r Ysbryd Glân yn golygu mwy o hanfod duwiol na'r Tad neu'r Mab yn unig. Mae'r tri hyn gyda'i gilydd yn gyfwerth ag un wrtho'i hun o ran duwdod. Ni allwn ni feddwl ond mewn termau o faint a gofod, ac mae hynny'n effeithio ar y delweddau yn ein dychymyg ni. Nid ydym felly'n deall y ffigurau hyn ynghylch y duwdod. Ond mae bwriad mwy cyfrin nag un mathemategol iddynt. Ystyr dweud bod Duw'n 'un' yw negyddu rhaniad ynddo, ac ystyr dweud bod Duw'n dri yw negyddu unigolyddiaeth ynddo. Ys dywed Awstin eto, yn y Drindod mae un cymaint â'r tri ynghyd, ac nid yw dau'n fwy nag un. Ac mae pob un yn ddiderfyn.

3. Y trydydd pwyslais yw bod 'tri' yn dweud mai prif nodwedd Duw yw'r berthynas sydd ynddo. Yn gynnar ym mywyd yr Eglwys, yr oedd model hierarchaidd o'r berthynas honno ar gael, sef patrwm o Dad y daw popeth oddi wrtho, a Mab ac Ysbryd sy'n deillio ohono. Mae ufudd-dod Iesu i'w Dad, hyd at angau (Phil 2,8), yn cyfrannu at y patrwm hwn. Bu'r model hierarchaidd yn achos dadl fawr yn yr Eglwys gynnar, y ddadl Ariaidd - a oedd y Mab yn isradd i'r Tad?

Gellir dweud yn erbyn y model hierarchaidd bod effeithiau 'gwleidyddol' cryf iddo, oherwydd mae'n rhwydd ei ddefnyddio i gyfreithloni patrymau o ddominyddu cymdeithasol yn y byd a'r betws. Gwelir hynny yng ngwaith rhai diwinyddion ceidwadol na dderbyniant gydraddoldeb rhwng dynion a menywod er enghraifft. Fel mae'r cread yn ddarostyngedig i'r Creawdwr, meddent, ac wedi ei fwriadu i'w wasanaethu, mae'r fenyw'n ddarostyngedig i'r dyn ac wedi ei bwriadu i'w gefnogi ef. Ond nid anghydraddoldeb yw hyn meddir, oherwydd dyna'r patrwm yn y Drindod. Yn ufudd-dod cariadus y fenyw i'r gwryw adlewyrchir perthynas ufudd y Mab i'r Tad ym mywyd y Drindod.

Ond y ffon fesur i ddeall perthynas y Tad a'r Mab a'r Ysbryd, medd Elizabeth Johnson eto, yw pregethu Iesu am deyrnas Dduw, a'r peth olaf yn y pregethu hwnnw meddai, yw patrwm hierarchaidd. Mae'r Duw y pregethodd Iesu amdano, y Duw a welir yn yr efengylau, o blaid y caeth a'r pechadur a'r tlawd a'r lleiaf a'r ymylol. Nid pŵer sy'n dominyddu yw ei bŵer, ond pŵer cariad sy'n chwilio ac yn achub er mwyn ffurfio cymdeithas newydd o frodyr a chwiorydd, a'r rheiny mewn perthynas iach â'r cread. Nid oes un ffurf ar bŵer dwyfol yn yr efengylau ac un arall yn y Drindod.

Gŵel y diwinydd Jürgen Moltmann amrywiaeth o batrymau Trindodaidd yn yr efengylau heblaw'r prosesiad o'r Tad i'r Mab i'r Ysbryd. Yn Efengyl Luc, yr Ysbryd sy'n danfon ac yn comisiynu'r Mab. Yn Efengyl Ioan mae'r Mab yn danfon yr Ysbryd, ac yn y blaen. Nid un patrwm sydd ond patrymau gwahanol, a'r cyfan yn mynegi'r un cariad sy'n nesáu at y byd i iachau, a rhyddhau.

Bathodd diwinyddion yr Eglwys Uniongred yn y Dwyrain y gair *perichoresis* i ddisgrifio'r rhannu cydradd yn y bywyd dwyfol o'r Tri nad ydynt er hynny'n Dri. Ystyr *perichoresis* yw troi o gwmpas mewn symudiad cylchynol, fel olwyn. Mewn cyswllt ag Athrawiaeth y Drindod, awgryma fod pob 'person' yn symud o gwmpas y lleill, yn adweithio iddynt ac yn cydblethu â hwynt mewn cylch o fywyd dwyfol. Gan weld cyfatebiaeth yma â'r syniad o 'coreograffi', cymharodd rhai diwinyddion y mudiad mewnol hwn yn y duwdod i ddawns ddwyfol, a gwelant yma, nid yn unig ysbrydiaeth cymuned y Drindod i gymundod dynol, ond her i strwythurau cymdeithasol sy'n trin pobl yn israddol. Mae symbol y Drindod felly'n galw ar yr Eglwys i fod yn gymundeb o chwiorydd a brodyr mewn perthynas deuluol â'i gilydd ac â'r ddaear, partneriaid cydradd wedi eu danfon i dynnu'r byd dynol a materol i mewn i'r ddawns fywhaol hon.

Delweddau Gwahanol

Cwyd hyn oll y cwestiwn o ddelweddau. Mae'r delweddau traddodiadol am y Drindod, Tad, Mab ac Ysbryd, yn Feiblaidd, ond maent hefyd yn wrywaidd, ar wahân i un rhagenw di-ryw am yr Ysbryd yn y Testament Newydd, a thuedda hynny gyfiawnhau patriarchaeth, ffenomenon sy'n broblem enfawr ar draws y byd.

Ond nid dyna'r unig ddelweddau y gall y Duw Trindodaidd gael ei fynegi drwyddynt. Mae'r Beibl yn siarad amdano hefyd mewn delweddau fel golau a thân a dŵr, ac yn yr unfed ganrif ar ddeg disgrifiodd Hildegarde o Bingen y Drindod fel disgleirdeb, a fflachio, a thân. Ond y rhyfeddod yw nifer yr ymdrechion diwinyddol heddiw i gael delweddau eraill am y Drindod. Siaradodd Karl Barth am Dduw fel datguddiwr, fel datguddiad, ac fel datguddiedig, a Karl Rahner amdano fel y gwreiddyn diwraidd, y gair a fynegodd ei hunan, a'r cariad sy'n uno - dadleuai'r ddau fod angen rhyw iaith fel yna i ddangos nad hunaniaeth difywyd yw'r ffordd berffeithiaf o fod yn Absoliwt!

Gan ddefnyddio model mwy cymunedol, sonia Jürgen Moltmann a Leonardo Boff am dad mamol, am Iesu o blaid y tlawd a'r ymylol, ac am Ysbryd mewn cytgord â symbolau Beiblaidd benywaidd Doethineb a Shekinah (gair Hebraeg sy'n golygu presenoldeb). Arbrofa Sallie McFague â'r delweddau Mam, Carwr, a Chyfaill, a John MacQuarrie â'r delweddau cyn-Fod, Bod mynegol, a Bod uniaethol. Soniodd Dorothy L. Sayers am Dduw fel llyfr wedi ei ddychmygu, wedi ei ysgrifennu, ac wedi ei ddarllen. Mewn iaith mwy gweithredol, sonia Letty

Russell am Greawdwr, Rhyddhawr, ac Eiriolwr. Gellid mynd â'r rhestr ymlaen am amser, a dweud am gyfraniadau Nicholas Lash, Langdon Gilkey, Norman Pittenger, a Paul Tillich, heb sôn am rai llai adnabyddus. Adlewyrcha'r rhain i gyd angen i ailfynegi'r symbol Cristnogol trindodaidd. Ond pa eiriau bynnag a ddefnyddir, adlewyrchir duwdod y tu hwnt, gyda, a thu mewn i'r byd a'i hanes.

Casgliad

Mae'r ymwrthod cyfoes o Athrawiaeth y Drindod sy'n cyfleu neges am deyrn yn llywodraethu, a'r adennill ohoni fel Athrawiaeth sy'n cyfleu Duw sy'n Gariad bywiol, cydradd, hollgynhwysol, wedi adfywio diwinyddiaeth Drindodaidd. Mae hynny'n amlwg o ryddhaol i rai sy'n perthyn i Eglwysi y mae'r Athrawiaeth yn amod aelodaeth ynddynt, ac sy'n gorfod ei hadrodd bob Sul. Arwydd o hynny yw'r modd y cysylltant yr Athrawiaeth â'r gair Duw ar bob cyfle bellach, yn yr ymadrodd trwsgl 'triune God' er enghraifft, a aeth yn un gair bron.

Dylai pob Cristion lawenhau yn y ffaith bod diwinyddion a lleygwyr Cristnogol 'uniongred' ein cyfnod ni wedi teimlo'n rhydd i adolygu Athrawiaeth mor hen a chanolog a 'chysegredig' ag un y Drindod. A dylai pob Cristion lawenhau bod Athrawiaeth y cysylltir Cristnogion i gyd â hi yng ngolwg pobl eraill, yn oleuach ac yn fwy ystyrlon nag y bu. Ond erys o leiaf dau gwestiwn ymarferol.

Yn gyntaf. Yn ôl Cyngor Calcedon (451), a luniodd Athrawiaeth Person Crist, mae Iesu, yn ogystal â bod yn 'wir Dduw', hefyd yn 'wir ddyn'. Ond cafodd Athrawiaeth y Drindod lawer mwy o sylw nag Athrawiaeth Person Crist, ac yn ymarferol, tuedd Athrawiaeth y Drindod fu nid yn unig i bwysleisio duwdod Iesu, ond gwneud hynny ar draul ei ddyndod. (Cafodd ei ddyndod ei esgeuluso'n aml ar hyd y canrifoedd.) I rai a wêl marw Iesu ar Galfaria'n aberth dirprwyol drostynt, mae'r duedd honno'n dderbyniol efallai. Wedi'r cyfan, ei dduwdod sydd bwysicaf iddynt hwy, gan mai hynny a wna'r 'aberth' drostynt yn bosibl, yn weithredol. Rhaid i'r Oen fod yn 'ddi-fai'! Ond i'r rhai ohonom sy'n credu mai dehongliad diwylliannol o'r gorffennol, nid rhan annatod o'r efengyl, yw'r syniad o farw Iesu fel aberth dirprwyol drosom, nid yw pwysleisio duwdod Iesu'n unig neu'n bennaf, yn wasgfa ddiwinyddol arnom. Yr ydym felly'n fwy rhydd i deimlo angen pwysleisio dyndod Iesu'n fawr hefyd.

Yn ail; elfen yn y traddodiad Ymneilltiol y'm maged i ynddo, yw'r gred bod gwerth i athrawiaethau, ond na ddylem wneud athrawiaethau'n amod aelodaeth eglwysig. Sail aelodaeth eglwysig yn y traddodiad hwn yw sail pobl Dduw yn y Beibl, sef bod mewn cyfamod â Duw ac â chyfamodwyr eraill. I Ymneilltuwyr felly, nid yw'n iawn defnyddio Athrawiaeth y Drindod, na'r un Athrawiaeth arall, i gadw pobl allan o'r Eglwys, o deulu Duw.

Soniodd Elizabeth Johnson am Athrawiaeth y Drindod fel model i ni o berthynas y mae parch at eraill yn ei nodweddu. A chan fod Iesu - a bwysleisiodd bobl ymylol yn ei bregethu - yn y berthynas honno, mae'r pwyslais ar bobl ymylol, meddai, ymhlyg yn y model hwn. Gorffennaf yr ysgrif hon felly drwy dynnu sylw at ddisgrifiad un cwmni anrhydeddus iawn o Gristnogion 'ymylol', y Crynwyr, o ddiffinio y tu hwnt i ryw bwynt, fel yn Athrawiaeth y Drindod o'u safbwynt hwy - '*a conceptual stretch*'. Mae eu safbwynt o leiaf yn ganllaw i Gristnogion ei gadw mewn cof yn wylaidd weithiau.

Yr Atgyfodiad

I rai, mae Atgyfodiad Iesu i'w gredu heb fynd i fanylion. Ni welaf fi niwed yn hynny, cyhyd â bo'r hyn a gredir ddim yn golygu anwybyddu'r alwad i wneud y byd hwn yn well, yn arbennig i rai sy'n dioddef, ac na fyddo ystyr yr Atgyfodiad yn cael ei gyfyngu i warant bod bywyd tragwyddol i'r credadun unigol. (Disgrifia Karen Armstrong y syniad o fywyd tragwyddol personol fel *'red herring'*).

Y Gwanwyn a'r Pasg

Soniodd Gwenallt am Dduw yn rhoi yn y calendr 'wanwyn dwbl'. Digwydd y Pasg i ni, Gristnogion gogledd y byd, adeg y gwanwyn, pan fo'r dydd yn ymestyn, yr haul yn cynhesu, y pridd yn ystwyrio, creaduriaid yn deffro o drwmgwsg, y sipsiwn ehedog yn dychwelyd. Nid yw'r gaeaf yn mynd i barhau am byth wedi'r cyfan. Unwaith eto dengys natur bod ei chylch yn ddibynadwy. Mae bywyd yn ysgafnach, yn fwy gobeithiol.

Ymhell, bell cyn geni Iesu, ac wedi hynny, dathlai dynoliaeth wyliau gwanwynol. Ond gyda dyfodiad byd cred, llyncodd y Pasg y gwanwyn, darostyngwyd dathliad y gwanwyn i fod ond yn wedd ar ŵyl fawr y Pasg. Ond erbyn hyn, dichon fod y rhod wedi troi, fod gobaith y gwanwyn yn fwy o ryddhad i rai Cristnogion na gobaith y Pasg. (Gyda llaw, a'i drosi i'n calendr ni, Ebrill 9, AD 30 yw dyddiad mwyaf tebygol yr Atgyfodiad yn ôl rhai ysgolheigion).

Problemau am y Pasg

Caiff llawer anawsterau â'r hyn a ystyriant yw neges y Pasg. Ni allant amgyffred y dystiolaeth bod rhywun a fu farw eto'n fyw. Ffurf benodol yw hynny o gwestiwn cyffredinol 'gwyrthiau'. Un o dueddiadau meddylfryd ein cymdeithas tan yn ddiweddar fu'r gred y gellid dweud beth na all ddigwydd, yn ogystal â beth all ddigwydd. Wedi dyddiau'r Oes Olau yn y ddeunawfed ganrif, pan ddarostyngwyd pob cwestiwn i brofion rheswm noeth, cynigiwyd esboniadau naturiol ar yr hanesion am Atgyfodiad Iesu. Mynnodd rhai na fu Iesu farw'n syth, a bod rhai o'i ddisgyblion wedi ei atgyfnerthu'n ddigon da iddo allu ymddangos i eraill. Ond codai esboniadau fel yna gwestiynau mwy anodd na'r rhai y bwriadwyd iddynt eu hateb.

Credai athronwyr Groegaidd cyn Crist fod y corff yn farwol, a'r enaid yn anfarwol. Iddynt hwy, carchar i'r enaid oedd y corff, a phan fyddai person farw, rhyddheid yr enaid i fynd ymlaen i ryw ddragwyddoldeb. Yn ôl ymchwil diweddar deil y gred honno ei gafael ar lawer o Gymry. Yn wir, clywais ei mynegi (yn ddiarwybod?) mewn pregeth radio'n ddiweddar gan efengylwr ceidwadol. Ond nid yw'r Beibl yn derbyn y ddeuoliaeth o gorff ac enaid, ac nid yw'n derbyn bod unrhyw ran hanfodol anfarwol ohonom ni. Rhoddodd y Ffrancwr Oscar Cullman, ysgolhaig Testament Newydd, ddarlith yn Harvard ym 1955 ar y testun *'Immortality of the Soul or Resurrection of the Dead'*, a gyhoeddwyd yn llyfr sy'n dangos bod y Beibl yn cymryd angau mwy o ddifrif na hynny!

Tystiolaeth y Testament Newydd

Mae'r testunau ynghylch yr Atgyfodiad yn y Testament Newydd yn gymhleth, ac anghytuna ysgolheigion ynghylch eu hystyr. Gellid rhannu'r dystiolaeth i dair gwedd.

1. Yn gyntaf, y bedd gwag. Ym 1930 ysgrifennodd newyddiadurwr o'r enw Frank Morison lyfr dylanwadol, 'Who Moved The Stone'. Ei fwriad cyntaf oedd gwrthbrofi'r Atgyfodiad drwy gynnig esboniad gwahanol i'r un Beiblaidd am y bedd

gwag, ond gorffennodd drwy ysgrifennu llyfr o blaid yr Atgyfodiad. Eithr ni phwysa'r efengylau'n drwm ar dystiolaeth y bedd gwag, efallai am i'r Cristnogion cynnar ddysgu nad yw absenoldeb corff yn profi atgyfodiad - gallai gwrthwynebwyr fynnu bod rhywun wedi ei gymryd (gw. Mt 28: 11-15). Mae'n bosibl fod gan awduron yr efengylau ddarn o draddodiad solet nad ychwanegai fawr at y neges y mynnent hwy ei gyfleu, ond teimlent reidrwydd i'w barchu a'i gofnodi.

Cyfeiria Rowan Williams, yn ei lyfr 'On Christian Theology', at yr hanes yn efengyl Ioan (20:11,12) am Mair Magdalen yn gweld dau angel yn eistedd yn y bedd gwag lle'r oedd corff Iesu wedi gorwedd, un wrth y pen ac un wrth y traed. Cwyd ef y cwestiwn, a oedd awdur yr efengyl yn bwriadu i'w ddarllenwyr weld cyswllt rhwng hynny a'r ddau seraff bob pen i arch y cyfamod yn yr Hen Destament. Y lle rhwng y ddau seraff oedd gorsedd Duw - ond nid oedd Duw yno, oherwydd nid un y gellid ei gyfyngu i un man oedd Duw. Ymhelaetha Williams ar yr Iesu atgyfodedig hefyd fel un na ellid ei gyfyngu, ac felly ei feddiannu fel petai - gan awdurdodau eglwysig yn arbennig. Ond cyfaddefa mai ffordd ansicr i mewn i ystyr yr adnodau am y bedd gwag yw cyplysu delweddau fel yna.

2. Yn ail, Iesu'n cael ei 'weld' yn fyw wedi ei farw. Sonia Paul am rai o'r ymddangosiadau hyn mewn llythyr a ysgrifennodd cyn i'r efengylau gael eu cyfansoddi (1 Cor. 15, 1 - 7), ac yr oedd ef wedi treulio pymtheng niwrnod yn Jerwsalem gyda Pedr y tu mewn i bedair blynedd o'r croeshoelio (Gal.1.18). Dywed fod rhai a welodd Iesu, yn fyw o hyd, ac y gellid eu holi.

Mae patrwm i'r hanesion am ymddangosiadau'r Iesu Atgyfodedig. Mae'r disgyblion yn unig, ond yn sydyn ymddengys y Meistr - mewn ystafell, ar y ffordd, mewn gardd, ar lechwedd, ger llyn. Nid ydynt yn ei adnabod, maent yn ansicr, yna adnabyddant ef. Ond ar wahân i hynny mae'r hanesion i gyd yn wahanol, yn cofnodi digwyddiadau achlysurol ac anodd eu clymu lawr. Maent yn brofiadau cyfyngedig i ddilynwyr Iesu, ac i gyfnod penodedig - yn ôl llyfr yr Actau deugain niwrnod wedi ei farw, rhif confensiynol yn y Beibl. Yna diflannodd Iesu o bob golwg, a chaewyd y bennod honno o ymddangosiadau arbennig ganddo.

Nid yw'r hanesion heb eu problemau. Ond os ymdrechion ydynt i roi cyfrif o sicrwydd y disgyblion eu bod wedi cwrdd â Iesu wedi iddo farw, hynny yw, i ddisgrifio digwyddiadau ar derfynau eithaf profiadau dynol normal, yna nid oes dim i synnu ato fod problemau yn yr hanesion. Un yw'r cwestiwn, gan nad oedd yr Atgyfodiad yn weladwy ond i ddilynwyr Iesu, ai profiadau goddrychol oeddent neu rai gwrthrychol, gweledigaethau mewnol neu ddigwyddiadau i'w gweld a'u clywed y tu allan i'r bobl a'u profodd? Anodd gweld sut i dorri'r ddadl. Nid oes modd i ni heddiw osod profion ar y dilynwyr a'i 'gwelodd', na deall natur eu profiad, profiad na ellid ei ailgynhyrchu. Ond o leiaf cydnebydd ysgolheigion nawr fod yr hanesion yn rhy ddryslyd a phetrusgar iddynt gael eu hesbonio fel cynnyrch rhyw un amcan cudd o eiddo'r efengylwyr neu'r disgyblion. Maent yn hanesion *ideologically under-determined*, a dyfynnu un diwinydd. Mae ansawdd arbennig iddynt hefyd - nid ydynt yn hanesion 'caeëdig', fel y gellid disgwyl pe baent wedi eu creu. I'r gwrthwyneb, tueddad unrhyw drafod ohonynt fod yn drafod creadigol - 'bob amser yn ymchwilgar, heb fyth yn cau'r mwdwl'. Neu a'i roi mewn ffordd arall, mae'n haws bwrw'r hanesion hyn naill ochr os na fydd dyn yn eu darllen yn fanwl.

Cwestiwn arall, un a godwyd yn ddiweddar, yw lle Mair Magdalen yn hyn oll. Yn ôl efengyl Ioan (20,15) hi welodd yr Iesu Atgyfodedig gyntaf. Ond yn I Côr, 15.7 mae Paul yn nodi mewn rhyw drefn, y rhai a welodd yr Iesu Atgyfodedig, gan roi Ceffas, sef Pedr, yn gyntaf. Eithr nid yw Mair ar restr Paul o gwbl, heb sôn am fod y gyntaf arni, a gyda hyn diflanna Mair o stori'r Eglwys Gynnar!

Ar sail tawelwch Paul yn ei chylch, a thestunau y tu allan i'r Beibl, fel Efengyl Tomos ac Efengyl Mair, dadleua rhai ysgolheigion, Elaine Pagels o Princeton yn un, bod arweinyddion benywaidd yn ogystal â rhai gwrywaidd gan wahanol garfannau o'r Eglwys Gynnar, bod Mair Magdalen yn un o'r arweinyddion benywaidd, a bod rhai o'r disgyblion, a Phedr ar y blaen, wedi gwrthwynebu awdurdod benywaidd. Mae Karen King, Athro Hanes Eglwysig yn Harvard, yn ei llyfr 'The Gospel of Mary of Magdala', wedi dangos mai anwiredd yw'r traddodiad mai putain oedd Mair Magdalen ar un adeg, ac mae hi'n ei disgrifio fel 'The First Woman Apostle'. Gwnaed yr awgrym bod y ffaith mai hi oedd y cyntaf i weld yr Iesu Atgyfodedig yn embaras adeg ysgrifennu'r efengylau, gan fod yr Eglwys erbyn hynny wedi datblygu arweinyddiaeth batriarchaidd. Felly, er efallai fod y traddodiad am Mair Magdalen yn gweld yr Iesu Atgyfodedig yn rhy gryf i'w anwybyddu, o leiaf gallai arweinwyr gwrywaidd yr Eglwys Gynnar beidio â rhoi gormod o le i'w phrofiad unigryw hi! Hynny yw, mae agweddau o agenda'r Eglwys Fore eisoes yn ymddangos yn yr hanesion am yr Atgyfodiad sydd gennym ni.

3. Yn drydydd, canlyniadau'r Atgyfodiad. Yn ei lyfryn 'The Meaning of Paul for Today' (argraffiad cyntaf 1920) dywedodd C. H. Dodd, Cymro ifanc o ysgolhaig bryd hynny, ond a fu'n Athro wedyn yn Rhydychen a Chaergrawnt, 'The story of the gospels is an unfinished drama'. '...an unfinished drama'? Ond a gafodd unrhyw ddrama ddiweddglo mwy gorffenedig erioed? Mae'r hanes am ymddangosiadau'r Iesu atgyfodedig i'w ddilynwyr yn ddiweddglo anhygoel o orffenedig i'r efengylau!

Eithr yr hyn oedd gan Dodd mewn golwg, oedd bod Iesu'n gorffen ei fywyd yn yr efengylau fel concwerwr angau. Ond o ran cynnwys yr efengylau mae hynny bron yn amherthnasol, medd Dodd, oherwydd yn yr efengylau, nid ag angau yr ymladdodd Iesu gydol tair blynedd ei weinidogaeth gyhoeddus, ond â'r Phariseaid. Ac erbyn diwedd yr efengylau, mae'r Phariseaid wedi symud Iesu i fyd arall, ond yn y byd hwn yr oedd Phariseaeth yn sefyll o hyd, mor sylweddol ac urddasol ag y bu erioed. Gallwn ddweud felly bod Iesu wedi bod yn fuddugoliaethus mewn byd arall, ond yr oedd y Phariseaid wedi cael y gorau arno yn y byd hwn. O'i fesur yn erbyn ei elynion daearol, un arall o 'losers' arwrol y byd hwn oedd Iesu. Ni newidia'r Atgyfodiad ddim ar hynny. Yn wir, ei guddio a wna.

Er mwyn i ddrama bywyd Iesu orffen yn fuddugoliaethus yn y byd hwn, meddai Dodd, byddai rhaid i Iesu goncro'r Phariseaid, â'i ddulliau ef ei hun, â'i gonsyrn am gariad at bawb yn ddiwahân yn rhan o'r goncwest. Byddai rhaid i'r groes gael lle yn y fuddugoliaeth, a byddai rhaid i'r Atgyfodiad fod yn rhywbeth mwy na phrofiad personol i'w ddilynwyr. Byddai rhaid iddo fod yn rym gweithredol mewn bywyd real, yn rym sy'n newid y byd.

Nid yw'r efengylau'n cofnodi'r fuddugoliaeth honno, meddai Dodd, ond caiff ei chofnodi'n ddiweddarach yn y Testament Newydd: "Pharisead wyf fi, a mab i Pharisead."; "Yn ôl sect fwyaf caeth ein crefydd y bûm i'n byw, yn Pharisead."; "Os oes rhywun arall yn tybio bod ganddo le i ymddiried yn y cnawd, yr wyf fi'n fwy felly, wedi enwaedu arnaf yr wythfed dydd, o hil Israel, o lwyth Benjamin, yn Hebrewr o dras Hebrewyr; yn ôl y gyfraith yn Pharisead; o ran sêl yn erlid yr eglwys; yn ôl y cyfiawnder sy'n perthyn i'r gyfraith yn ddi-fai. Ond beth bynnag oedd yn ennill i mi, yr wyf yn awr yn ei ystyried yn golled er mwyn Crist. Rwyf am ei adnabod ef, a grym ei atgyfodiad a chymdeithas ei ddioddefiadau, .. "; "...mwyach, nid myfi sy'n byw, ond Crist sy'n byw ynof fi." (Gal 2: 20.)

Geiriau'r Apostol Paul. Gallwn ei ddychmygu ymhlith yr Iddewon y tu allan i drigfan Peilat medd Dodd, yn gweiddi am ladd Iesu, oherwydd yr oedd yno mewn ysbryd. Ond yn y dyfyniadau uchod gwelwn Pharisead gyda'r selocaf, yn ildio i gyfaredd y gŵr a groeshoeliwyd ganddo ef a'i fath, ond a gadarnhaodd Duw ei fod yn Fab iddo drwy ei atgyfodi. Un o'r mwyaf ffanatig o elynion Phariseaidd Iesu, yn cysegru ei fywyd i wasanaethu'r Iesu a atgyfodwyd, drwy geisio trawsnewid y byd, heb i Iesu wneud dim ond bod yn 'fe ei hunan', heb wneud dim ond mynd ymlaen a dilyn ei lwybr yn ei ffordd ei hunan. Sut gallai buddugoliaeth fod yn fwy cyfan a llwyr?

O bopeth a ddilynodd yr Atgyfodiad, y ffaith fwyaf sicr, a mwyaf dealladwy i ni, yw i ddilynwyr Iesu brofi bywyd newydd. Dylanwadodd egnïoedd newydd yn gysylltiedig â'r Atgyfodiad arnynt yn unigol ac ynghyd hyd nes iddynt gael eu trawsnewid o fod yn gwmni gwasgaredig, siomedig, digalon, i fod yn gymuned sicr, hyderus, frwdfrydig. O'u cymryd at ei gilydd, ymddengys hanesion yr Atgyfodiad, medd Rowan Williams, fel ymchwiliadau i mewn i sut yr oedd yr Iesu wedi trawsnewid bywydau a chreu math newydd ar gymuned - yr Eglwys. Yn ei lyfr *'Resurrection'* sonia am batrymau yn yr hanesion sy'n awgrymu hanfodion y fath fywyd a chymuned, megis dieithrwch cychwynnol Iesu - hynny yw, gweld Iesu bob amser fel un nad ydys wedi ei adnabod yn llawn.

Pregeth Pedr

Sonia Rowan Williams yn arbennig am ystyr yr Atgyfodiad yn nhermau pwysigrwydd Jerwsalem yn yr hanes amdano yn llyfr yr Actau (a ysgrifennwyd gan Luc). Yn yr ail bennod, rhydd Luc y bregeth gynharaf am yr Atgyfodiad - un gan Pedr ar ddydd y Pentecost, yn annerch 'chwi oll sy'n trigo yn Jerwsalem.' Cymera'r bregeth yn ganiataol fod y rhai a wrandawai arni'n perthyn i'r stori am Iesu, eu bod yn rhannol gyfrifol am beth ddigwyddodd iddo. Nid cynulleidfa ddiniwed oedd hi i Pedr felly, ond un â dwylo gwaedlyd. Ond wrth ei disgrifio fel 'chi bawb sy'n byw yn Jerwsalem', nid dweud y mae, fel y credodd rhai, mai Iddewon yn unig sy'n euog am farw Iesu. Yn wir, yn y bedwaredd bennod mae'n cynnwys 'Peilat' a'r 'cenhedloedd'. Ond yn Jerwsalem yr ymgasglodd pawb a farnodd Iesu. Y ddinas yn yr ystyr hwnnw oedd 'y llys' a roddodd ei ddedfryd iddo, y ddelwedd am bawb a oedd wedi cymryd rhan yn ei gondemniad. Yn ei bregeth i'r 'ddinas' hon felly, cyflwynodd Pedr yr Atgyfodiad fel arwydd mai etholedig Duw oedd y croeshoeliedig, fel arwydd bod Duw gyda'r un a gondemniwyd, fod Duw i'w gael fel petai yng nghwmni'r 'oen di-fai'. Iesu yw'r patrwm gwaelodol, pur a all felly fod yn symbol bob amser ac ymhob man o bresenoldeb Duw gyda'r un a fychanwyd, yr un a dreisiwyd, yr un a gafodd gam.

A dyma ddod nawr at bwynt pwysig iawn, ond anodd i ni ei amgyffred efallai, oherwydd pwysau aruthrol eglurhad arall. I'r mwyafrif o Gristnogion, ystyr y geiriau '…nid oes enw arall dan y nef y mae'n rhaid i ni gael ein hachub drwyddo.' ym mhregeth nesaf Pedr (Actau 4.12), yw mai'n uniongyrchol drwy Iesu y daw Cristnogion at Dduw: Yn uniongyrchol drwy Iesu y deuai gwrandawyr Pedr yn Jerwsalem at Dduw, mae'n wir, ond Iesu oedd eu hunion ddioddefydd hwy! Eithr yn Actau 9 cawn Saul o Darsus ar y ffordd i Ddamascus, yn cael ei fwrw lawr a'i ddallu. Clywodd lais, 'Saul, Saul, pam wyt ti'n fy erlid i?' 'Pwy wyt ti?' gofynnodd Saul. Yr ateb oedd 'Myfi yw Iesu yr hwn wyt yn ei erlid'. Ond mynd i erlid Cristnogion yn Damascus yr oedd Paul!

Y pwynt yw mai Iesu yw'r dioddefydd pur sy'n symbol o bresenoldeb Duw gyda phob dioddefydd, ac a allai oherwydd hynny ddweud wrth Paul lle y gallai gael Duw - sef yn y rhai yr oedd ef, Paul, yn eu herlid, yn nioddefwyr penodol ei drais ef, y rhai yr oedd ef ei hun yn eu gormesu a'u niweidio - a'u lladd. Yr hyn a ddywed Luc ym mhregeth Pedr yw mai yn ein Jerwsalemau ni, drwy'r rhai y byddwn ni yn eu bychanu, yn eu treisio, mewn dioddefwyr sy'n dioddef o'n herwydd ni, y mae Duw'n ein cyfarfod. Yr hyn a ddywed yr Atgyfodiad wrthym felly, yw ble a sut y gellir darganfod Duw. Mae ar gael ym mhob perthynas y mae rhywun ynddi'n cael ei fychanu, ac ar gael i'r rhai sy'n gwneud y bychanu, pan geisiant drawsnewid y berthynas.

Nid oes neb ohonom ni'n ddioddefydd pur, wrth gwrs. Mae pawb ohonom ni yn dioddef ac yn peri dioddefaint. Yr oedd dioddefaint a pheri dioddefaint yn ein byd ni cyn i ni ddod i mewn iddo, a down yn rhan o'r patrwm dioddefwr/gormeswr cyn i ni fod yn ymwybodol o hynny. Dyna pam y dylem fod yn wyliadwrus bob amser rhag uniaethu'n dioddefaint ni â dioddefaint Iesu.

Mae rhyfaint o niweidio a dioddefaint yn digwydd yn anochel ac yn anfwriadol, hyd yn oed yn y berthynas fwyaf cariadus rhwng rhieni a phlentyn. Bydd rhyfaint ohono'n anymwybodol hyd yn oed, am mai ymateb yw i brofiadau, efallai, nad ydym erioed wedi eu hwynebu a'u cymhathu. Wrth i ni fychanu eraill, er enghraifft, efallai mai ymateb yn rhannol y

byddwn i atgofion dyfnion o gael ein bychanu ein hunain.
Ysgrifennodd y Ffrancwr Georges Bernanos am Hitler fel plentyn
a fychanwyd, ac a ymatebodd ymhen amser, â dwyster
patholegol ac ar raddfa arswydus, i brofiad dwfn o ddioddefaint
nad oedd erioed wedi ei wynebu na'i gymhathu. (Dyna hefyd yw
rhan o stori bersonol Mugabe yn Simbabwe.) Ond niweidiodd
Hitler bobl hefyd mewn ffyrdd yr oedd yn foesol gyfrifol
amdanynt, a phan niweidiwn ninnau eraill mewn ffyrdd yr ydym
yn foesol gyfrifol amdanynt, yr ydym ninnau'n ormeswyr. Ac
weithiau yr adeg y deuwn ni ein hunain yn ddioddefwyr, yw nid
pan fo rhywun arall yn ein gormesu ni, ond pan fyddwn ni, drwy
ormesu eraill, yn treisio'r gorau sydd ynom ni ein hunain.

Duw yn y Gymdeithas Gristnogol

Gellir dod o hyd i Dduw hefyd yn y gymdeithas Gristnogol y mae
Iesu'r dioddefydd pur, a gadarnhawyd gan Dduw drwy ei
Atgyfodiad, yn ganolbwynt ei dehongliad o realiti dynol, hynny
yw, pan fydd hi'n gymdeithas edifar a gobeithiol a heddychlon a
llawen sy'n ceisio goresgyn perthnasau a systemau niweidiol o
bob math, ac sy'n wylaidd yn cynnig y weledigaeth honno i bawb
a all glywed. Oni wnawn ni gysylltiadau rhwng yr Atgyfodiad ac
egnïon bywiol newydd fel edifeirwch a gobaith a heddwch a
llawenydd, gall addoli'r Pasg roi i ni gyffro eglwysig dros dro,
ond dim mwy.

Newid y Byd

I ddrama bywyd Iesu orffen yn fuddugoliaethus yn y byd hwn,
meddai Dodd, un o'r pethau y byddai'n rhaid iddo ddigwydd
fyddai bod yr Atgyfodiad yn rhywbeth mwy na phrofiad
personol i'w ddilynwyr, y byddai'n rym gweithredol sy'n newid
y byd. Ceisiodd rhai gysylltu'r Atgyfodiad ag enghreifftiau
penodol o egnïon bywiol newydd ar waith mewn amgylchiadau
gwleidyddol, megis y chwyldro heddychlon yn Ynysoedd y
Philipinau a ddisodlodd yr Arlywydd Ferdinand Marcos ym 1979.
Yn sicr yr oedd elfennau Cristnogol amlwg yn y chwyldro. Wedi

oriau o fyfyrio mewn cwfent y derbyniodd Cory Aquino yr enwebiad i sefyll yn erbyn Marcos. Condemniodd esgobion Pabyddol hefyd fuddugoliaeth etholiadol Marcos, ac yr oedd lleianod, heblaw Cristnogion cyffredin, yn amlwg ymhlith y protestwyr a ymgasglodd ar strydoedd Manila y diwrnod y dihangodd Marcos o'r wlad.

Ac onid oes y fath beth ag atgyfodiad cymdogaeth? Beth am y symud ymhlith pobl Aberfan, o gymdeithas wedi ei chwalu, i gymdogaeth ofalgar newydd - y symud oddi wrth y mynegiant cychwynnol o lid a dicter, drwy hunanymholi ynghylch y math ar gymdogaeth a fuont, at drafod pa fath o gymdogaeth y mynnent fod yn y dyfodol? Cyfrannodd elfennau Cristnogol penodol at y datblygiad hwnnw hefyd.

Atgyfodiadau Bach

A beth am brofiadau personol, megis pan wynebwn ni wirioneddau y byddai'n llawer gwell gennym eu hosgoi, neu pan wrthodwn ildio i wasgfa a fydd yn caethiwo'n gallu i wneud dewis adeiladol i ni, a thrwom ni i eraill. Pan wnawn bethau felly byddwn nid yn unig yn ennill tir newydd i ni mewn bywyd, ond byddwn hefyd yn symud rhyddid dynol gam bach ymlaen. Yn ei lyfr *True Resurrection*, geilw H. A. Williams, cyn-ddeon Coleg y Drindod, Caergrawnt brofiadau felly'n 'atgyfodiadau bach' - 'mini-resurrections'.

Cynhwysa Williams hefyd ymhlith 'atgyfodiadau bach' bywyd, brofiadau o weithgarwch Duw sy'n digwydd heb ein help ni, profiadau y dylem ni eu hadnabod a chyfeirio atynt fel gwaith ei ras. Profiadau o gyfannu sydd mewn golwg ganddo. Dywed bod ein hofn o'r corff a'i nwydau'n aml yn arwain at ddeuoliaeth nad oes i'r corff ond lle isradd ynddo, fel pe na bai'n ddim ond yn wrthrych, yn was i'r meddwl, i'w lywodraethu'n llwyr gan ein hewyllys. Dyna achos llawer o 'repressions' meddai, a thostrwydd hyd yn oed, sy'n peri colli llawer o lawenydd bywyd. Yn wir, ystyria ef mai 'lladd y corff' yw un o'n problemau difrifol mwyaf. Ond cawn ambell brofiad dros dro meddai, pan fydd corff a meddwl yn gweithio ynghyd fel partneriaid. Sonia am yr artist pan fydd hi'n teimlo'n ysbrydoledig ac yn gweld ei llaw a'i braich yn gwasanaethu'r cynllun meddyliol y mae'n ceisio ei ddarlunio. Ar adeg felly mae'r meddwl gwrthrychol dadansoddol beirniadol sydd gyda ni byth a hefyd, yn ildio i ffordd o weld popeth yn ein byd yn wahanol, ffordd dangnefeddus, faethlon, fywhaol, unol, greadigol, dyner. Cred Williams fod angen i ni adnabod profiadau felly hefyd fel 'atgyfodiadau bach'.

Casgliad

Cas gen i weddïau a homilïau nad oes yr un cyfeiriad ynddynt at rywbeth y gellid ei ddyddio, gweddïau a homilïau nad ydynt wedi eu gwreiddio mewn amser mwy daearol na thragwyddoldeb! Un o fendithion yr Atgyfodiad yw fod ganddo ei ben-blwydd - yn wahanol, er enghraifft, i'r syniad Groegaidd am anfarwoldeb yr enaid. Fel y rhoddodd Martin Luther King ben-blwydd i'r freuddwyd am fyd heb hiliaeth, felly hefyd, rhoddodd Atgyfodiad Iesu ddyddiad a phen blwydd i'r gobaith gwynfydedig sydd ynddo.

Ynghylch mater cymaint y tu hwnt i eiriau clinigol credo a chyffes, efallai y dylwn orffen ag ymdrech bardd, y bardd Gwyddelig, Patrick Kavanagh (1904 - 1967), i ddisgrifio ysbryd rhyddhaol neges y Pasg.

'A laugh freed for ever and ever.'

Delwedd annisgwyl? Ond pa ddelwedd gwell o obaith rhyddhaol diderfyn na chwerthiniad tragwyddol?

Diwinyddiaeth

Caethiwo Diwinyddiaeth

Yn Vienna, ar ddechrau'r ugeinfed ganrif, medd Stephen Toulmin, dadleuai meddygon, artistiaid, penseiri, cerddorion, gwleidyddion a newyddiadurwyr am bynciau athronyddol, dros fyrddau ar balmentydd y tu allan i gaffïau. Ond fel yr âi'r ganrif rhagddi, cipiwyd athroniaeth yno ac mewn dinasoedd Ewropeaidd eraill, oddi wrth rai yr oedd yn rhan o'u bywyd a'u gwaith, a'i gwneud yn bwnc arbenigwyr mewn prifysgol.

Digwyddodd peth tebyg i ddiwinyddiaeth. Lle bu'n bwnc i Gristnogion yn gyffredinol ei drafod gydag afiaith adeg y Diwygiad Protestannaidd, a phan oedd Anghydffurfiaeth yn ei grym yng Nghymru, nawr golyga diwinyddiaeth, nid trafodaethau cyffrous, arwyddocaol a thyngedfennol gan Gristnogion o bob math ynghylch eu ffydd, ond pwnc academaidd y mae ysgolheigion mewn prifysgolion yn arbenigwyr ynddo.

Colli Strwythurau Diwinyddol

Pan gychwynnais i yn y weinidogaeth yr oedd patrymau cynorthwyol i Gristnogion Cymru drafod diwinyddiaeth. Ymdriniai diwinyddion gwreiddiol enwog megis Barth a Tillich a Niebuhr â phynciau traddodiadol mewn ffyrdd cydnabyddedig. Gallai athrawon colegau diwinyddol a fu'n ddisgyblion i rai felly, neu a'u hastudiodd, siarad â'u myfyrwyr am eu gweithiau. Daliai rhai o'r myfyrwyr i ymddiddori yn y gweithiau hynny wedi cyrraedd y weinidogaeth, a rhannent eu gwybodaeth â gweinidogion eraill, drwy frawdoliaeth (bryd hynny), a chwrdd cwarterol neu flynyddol, neu drwy bapur a chylchgrawn. Ymgorfforai'r rheiny y wybodaeth yn eu pregethau, ac wedyn gallai eu haelodau eu trafod mewn Ysgol Sul a chwrdd wythnos.

Erbyn heddiw, daeth y patrymau hynny i gyd i ben. Nid gwrywod gwynion, dosbarth canol, Gorllewinol, proffesiynol, academaidd yn unig sy'n ddiwinyddion gwreiddiol nawr. Nid pynciau traddodiadol sy'n allweddol bob amser mwyach chwaith, ac nid un ffordd sydd o drin diwinyddiaeth. Mae diwinyddion yn yr hen ddull ar gael o hyd, megis Küng a Moltmann, ond mae mathau eraill ar ddiwinyddion hefyd nawr. Dyna Gustavo Gutierez o Periw, y diwinydd rhyddhad cyntaf, Mary Daly, y diwinydd ffeministaidd cynnar, a James Cone y diwinydd Americanaidd du - diwinyddion sy'n dod at ddiwinyddiaeth o safbwynt pobl dan ormes. Dyna ddiwinyddion y 'Jesus Seminar' hefyd, a diwinyddion fel Rowan Williams sy'n ymgorffori gwerthoedd Ôl-fodernaidd yn eu gwaith.

Â chrefyddau eraill yn cael mwy o sylw mewn ysgol a choleg, a cholegau diwinyddol yn cau, nid oes cynifer yn ymwneud â diwinyddiaeth Gristnogol nawr. Mae llai hefyd o ddarpar-weinidogion. Mae lleihad yn nifer cymdeithasau gweinidogion hefyd, a chyfyngiadau ar amser gweinidogion, megis gwragedd neu wŷr yn gweithio, llu o bwyllgorau, ac angladdau aneirif. A sawl siop lyfrau neu lyfrgell ddiwinyddol sydd o fewn eu cyrraedd?

Daeth i ben hefyd gylchgronau enwadol fu gynt yn gyfrwng lledaenu syniadau lled-ddiwinyddol, ac mae llai o ddiwinyddiaeth yn 'Diwinyddiaeth', cylchgrawn Adran Diwinyddiaeth Prifysgol Cymru. Cyhoeddi darlithiau blynyddol yr Adran yw pwrpas hwnnw, ond ychydig sy'n mynychu'r darlithiau nawr, ac mae'r darlithiau'n llai diwinyddol nag y buont. Cyfyng yw cylchrediad Y Traethodydd, amrywiaeth yw cryfder y 'Cristion' cydenwadol, a rhannu newyddion wna papurau enwadol gan mwyaf. Bu lleihad aruthrol mewn Ysgolion Sul a chyrddau wythnosol hefyd, mannau lle y gallai aelodau eglwysig drin a thrafod slawer dydd.

Carfannau Diwinyddol Cymru

Byddai'n rhyfedd pe na bai'r datblygiadau uchod wedi cael rhyw effaith negyddol ar ddiwinyddiaeth yng Nghymru. Da cofio felly y gall ein bywydau a'n hysbryd fod yn rhagorach na'n diwinyddiaeth! Ymddengys i mi fod tair carfan ddiwinyddol amlwg yn ein heglwysi heddiw.

1. Rhai sy'n ddifater ynghylch diwinyddiaeth.

Pobl heb archwaeth am faterion meddyliol yn gyffredinol yw llawer o'r rhain, pobl nad oes ganddynt fwy na mwy o ddiddordeb ym myd syniadau a damcaniaethau o unrhyw fath. Nid dyna eu tuedd, nid dyna eu byd.

Bydd rhai eraill, mewn gwrthryfel efallai yn erbyn y gorbwyslais ar gred a nodweddodd yr Eglwys ers canrifoedd, ac yn erbyn amharodrwydd mynych Cristnogion i weithredu, yn credu'n gryf mai'r hyn sy'n bwysig yw'r hyn a wnawn nid yr hyn a gredwn. Ond mae hynny'n gred wrth gwrs, ac yn galw am ystyriaeth. Un o'i chanlyniadau, er enghraifft, yw y bydd pobl sy'n cymryd y safbwynt hwn yn derbyn llawer ym myd credo mewn gwirionedd – sut allant beidio? - ond byddant yn ei dderbyn yn anfeirniadol.

Gall y rhain fod yn bobl sydd wedi eu meddiannu fel petai gan ryw achos arbennig. Yn Chweched Cymanfa Cyngor Eglwysi'r Byd yn Vancouver ym 1983, dewiswyd llawer o'r cynrychiolwyr am eu bod yn weithwyr yn erbyn anghyfiawnderau yn eu gwledydd eu hunain. Ond yn lle achub cyfle i gyd-drafod, i weld sut y gallent dyfu ynghyd yn y math hwnnw o dystio, dwyn sylw i'w hachosion arbennig eu hunain a wnaethant.

Ond gallwn i gyd fod yn ddifater ynghylch diwinyddiaeth weithiau, yn anfwriadol efallai, a phan wnawn ni hynny y perygl yw y byddwn yn ymollwng i'r hyn a alwodd Leonard Sweet, Athro Efengylu ym Mhrifysgol Drew ger Efrog Newydd, yn *'cliché faith'*. *Clichés* yw ystrydebau sydd, oherwydd gorddefnydd ohonynt, wedi colli eu nerth, a thrwy gymryd lle meddwl a rhesymu, wedi mynd yn derfynau i'n meddyliau ni. Gallant fod yn ddeniadol, am eu bod yn fynegiant cyflym a rhwydd o'r hyn sy'n ymddangos yn sylweddol. Eithr nid ffrwyth y deall yn ymestyn i wynebu problemau real ydynt, ond mold i hen deimladau blinedig – a phwy ohonom na fyddwn, nawr ac yn y man, yn cael ein meddiannu gan hen deimladau blinedig. Ond bydd y fath deimladau'n ein cadw rhag ymgyrraedd at fewnwelediadau uchel ynghylch ein ffydd. Teimladau sy'n rhoi ein meddyliau mewn gêr niwtral er mwyn hwylio rownd corneli bywyd heb rym ydynt.

Nid mater o bregethu a phregethwyr yn unig mo hyn chwaith. Cofiaf yn dda fel y byddai mam, adeg marw fy nhad, yn teimlo'n gryf bod yr hyn a ddywedai ambell gyd-aelod wrthi, gan fwriadu ei chysuro, yn bychanu ei phrofiad hi. Mae ar bawb ohonom angen o leiaf isafswm o ddiwinyddiaeth a all ein cadw'n gyfrifol yn ddiwinyddol bob amser, isafswm y byddwn wedi ei gymhathu mor llwyr fel iddo ddod yn rhan ddiogel o'n personau.

2. 'Hen' Ryddfrydwyr Diwinyddol.

Cred y rhain mewn beirniadaeth Feiblaidd, mewn goddefgarwch diwinyddol, bod rhywbeth i'w ddysgu oddi wrth grefyddau eraill, ac yn y blaen, ac yn sicr, gwadent eu bod yn ffwndamentalwyr. Ond bydd ambell gymal o'u heiddo, ac ambell dro yn eu hymresymu, yn awgrymu nad ydynt yn gwbl rydd o ffwndamentaliaeth, a hyd yn oed pan lwyddant i ymryddhau oddi wrtho, ceisio'r un math ar awdurdod mewn ffurfiau eraill a wnânt yn aml - mewn credoau, datganiadau ac ati. Er eu rhyddfrydiaeth honedig felly, yn y diwedd perthynant i'r *'House of Authority'*.

Addysgwyd llawer o weinidogion Cymru cyn i newidiadau meddyliol cyffredinol y ganrif ddiwethaf, a newidiodd gymaint ar ddiwinyddiaeth draddodiadol, gyrraedd ein colegau diwinyddol ni. Mynnodd dyrnaid ohonynt fynd i'r afael eu hunain â theithi newydd diwinyddiaeth, ond cadwodd eraill at yr hen ryddfrydiaeth ddiwinyddol, oherwydd diffyg cyfle i symud ymlaen, neu ddiffyg awydd, neu geidwadaeth bersonol.

Yn dal at eu hen ryddfrydiaeth, ond o leiaf yn synhwyro ei fod wedi gweld ei ddyddiau gorau, tynghedir y rhain i fyw rhwng dau feddwl. Cof gennyf sgwrsio yng Ngenefa ag ysgolhaig Pabyddol a dderbyniai'r Enedigaeth Wyryfol wrth adrodd y Gredo Apostolaidd yn 'ddefosiynol' yn y cwrdd, ond a'i hamheuai pan ddarllenai'r Beibl wrth ei hunan yn 'feirniadol'!

Y perygl wedyn yw, yn lle chwilio am y groes ddiwinyddol, gwneud bod yn 'wleidyddol gywir' yn werth diwinyddol, ond ysywaeth, cyfranna hynny at yr awyrgylch difywyd sydd heddiw'n ymdaenu dros fywyd diwinyddol Cymru fach. Mewn adolygiad ar lyfr Densil Morgan 'Cedyrn Canrif', yn 'Y Traethodydd' am Hydref 2003, sylwodd Elwyn Richards, Bangor mai 'R. M. Jones ac R. Geraint Gruffydd, dau fu'n athrawon Cymraeg ym Mhrifysgol Cymru, ynghyd ag R. Tudur Jones, a ddyfynnir wrth iddo gloriannu cyfraniad J. E. Daniel i ddiwinyddiaeth yng Nghymru.' Â ymlaen i ofyn, 'Onid oes yn hynny eto, efallai, awgrym fel y bu i'r weinidogaeth Gymraeg golli blas ar ddiwinyddiaeth ac yr aeth y traddodiad diwinyddol Cymraeg i ddibynnu fwyfwy ar gymwynasau achlysurol dysgedigion eraill.'

Cred rhai fod dyddiau rhyddfrydiaeth ddiwinyddol ar ben, ond yn ôl Gary Dorrien, Athro Moesoldeb Ddiwinyddol yng Ngholeg Union, Efrog Newydd, mae'n fyw iawn ac yn iach iawn. Diwinyddiaeth ryddfrydol heddiw meddai, yw pob diwinyddiaeth nad yw'n ffwndamentalaidd. Mae diwinyddiaeth ryddhad yn ddiwinyddiaeth ryddfrydol felly, a diwinyddiaeth sy'n dilyn goblygiadau beirniadaeth Feiblaidd hyd y diwedd – fel diwinyddiaeth y '*Jesus Seminar*', a diwinyddiaeth sy'n ymgodymu â her gwerthoedd y byd Ôl-fodernaidd.

3. Ffwndamentalwyr

Mae'r gwirionedd am Dduw'n gafael ynom mewn ffyrdd

gwahanol. O ganlyniad caiff Cristnogion eu denu at garfannau Cristnogol gwahanol. I rai o'r rhai a gaiff eu denu at y garfan efengylaidd geidwadol, nid daliadau'r garfan fydd y prif atyniad efallai, ond symlrwydd ac eglurder y neges, croeso a gwres y gymdeithas, a natur duwioldeb y bobl. Ond i rai o dueddfryd ffwndamentalaidd, bydd y daliadau o'r pwys mwyaf, ac i'w derbyn fel gwirioneddau terfynol, digyfnewid.

Nid yw ffwndamentalwyr yn yr un llinach â'r ddwy garfan y soniais amdanynt eisoes ond maent yn rhan amlwg o'r sefyllfa ddiwinyddol yng Nghymru heddiw, wrth gwrs.

Daeth y gair 'ffwndamental' i sylw pan ddatganodd Cynhadledd Feiblaidd yn Niagara yn yr Unol Daleithiau ym 1895 fod pum cred *'fundamental'* i'r ffydd Gristnogol. Y gred amlycaf o'r bump efallai oedd y gred yn anffaeledigrwydd y Beibl, cred sy'n rhoi hunaniaeth i'r Cristnogion a fydd yn ei choleddu, ac sy'n foddion i'w clymu ynghyd. Rhoddodd gysur i sawl cenhedlaeth o Gristnogion a deimlai bod eu ffydd dan warchae oherwydd y darnio o'r naratif Beiblaidd gan yr hen ysgolheictod rhyddfrydol, a'r tanseilio o gredoau traddodiadol gan wyddoniaeth a secwlariaeth.

Ond dangosodd Edward Farley yn *'Ecclesial Reflection'* nad cred seml mohoni. Mae dau brif acsiom iddi meddai ef, ac mae i'r rheiny dair is-acsiom yr un. Un, er enghraifft, yw'r hyn a eilw ef yn 'lefelu', sy'n golygu bod holl ddywediadau'r Beibl yn gydradd anffaeledig. Ond mae dal at yr acsiom hwnnw'n ymarferol amhosibl, ac mewn gwirionedd bydd ffwndamentalwyr yn ffafrio rhai adnodau. Yn aml, er enghraifft, rhoddant flaenoriaeth i adnodau am Iesu dros eiriau Iesu ei hun.

Yn ôl Walter Brueggemann, nid dadleuon deallgar neu ddatganiadau clasurol sy'n cyfrif am y gwahaniaethau rhwng Cristnogion ynghylch natur y Beibl, ond profiadau wedi eu gwreiddio mewn elfennau llawer dyfnach ynom, megis dylanwad teulu a ffrindiau, a'n datblygiad personol dros amser. Mae ef ei hun yn gwrthod rhoi label ar y Beibl, gan gredu ei fod yn fwy nag unrhyw gategori y gallem ni ei roi iddo. Defnyddia ef eiriau'r diwinydd Karl Barth amdano –'bob amser yn newydd a dieithr'.

Credoau ynghylch dwyfoldeb Iesu, ei enedigaeth wyrthiol, ei farw dirprwyol, ei atgyfodiad a'i ailddyfodiad, oedd y rhai eraill a fynegwyd yn Niagara. Mae gan 'Cymrugyfan' ddatganiad sy'n cynnwys mwy o osodiadau. Wrth roi statws 'ontolegol' i osodiadau diwinyddol, a gwadu felly mai un mynegiant o Gristnogaeth ydynt, sy'n dwyn nodweddion 'diwylliannol' fel pob mynegiant arall, bydd ffwndamentalwyr yn rhoi gosodiadau o'r fath allan o gyrraedd cwestiynau beirniadol. Ond i Gristnogion nad ydynt yn ffwndamentalwyr, mae a fynno parodrwydd i drafod gosodiadau felly â iechyd diwinyddol.

Amhosibl anwybyddu'r cysylltiad rhwng ffwndamentaliaeth a thrais hefyd. Ond yn ei lyfr 'Lloffion ym Maes Crefydd' (2007), gwahaniaetha Robert Pope yn hyn o beth rhwng ffwndamentaliaeth Islamaidd ac Iddewig, a ffwndamentaliaeth Gristnogol. Er bod rhai ffwndamentalwyr Cristnogol yn America wedi gweithredu'n dreisgar, meddai, drwy darfu ar weithgaredd mewn clinigau erthylu er enghraifft, nid yw ffwndamentaliaeth Brotestannaidd yn America, yn wahanol i ffwndamentaliaeth Islamaidd ac Iddewig, erioed wedi rhoi cyfiawnhad diwinyddol dros weithredu'n dreisgar, ac awgryma Robert Pope resymau dros hynny. Prin bod eisiau dweud nad yw ffwndamentalwyr Cymru erioed wedi gwneud hynny chwaith. Ond sonia Pope am agweddau yn ogystal â gweithredoedd treisgar. Defnyddia Walter Brueggemann, er enghraifft, y gair *'coercive'* am agwedd ffwndamentalaidd tuag at y Beibl.

Mae newidiadau'n digwydd mewn rhai cylchoedd efengylaidd ceidwadol Americanaidd. Dywed y broliant i lyfr gan Roger Olson, *'Olson sets forth a genuinely evangelical theology that rejects modernity and fundamentalism.'* Mae Mark Noll, o Goleg Wheaton yn Illinois (*alma mater* Billy Graham) yn galw ei hunan yn *'progressive evangelical'*, a dywed broliant un o'i lyfrau ef, *'His focus on a personal relationship with Christ over propositions, ...(is an) important correction to conservative evangelical tendencies.'* Sonia hysbyseb am lyfr yn *'Theology'* am *'...the growing body of evangelical Christians who now accept a doctrine of universal salvation'*!

Pe bai rhai o leiaf o efengylwyr ceidwadol ffwndamentalaidd Cymru yn ymryddhau oddi wrth eu ffwndamentaliaeth, efallai y gallai'r ffordd agor i ymwneud bendithiol rhwng Cristnogion Cymraeg a fu ar wahân yn rhy hir. Credaf i mi weld arwyddion bychain o agwedd newydd at Gristnogion eraill gan ambell un o'r genhedlaeth iau o efengylwyr ceidwadol Cymraeg.

Canlyniad Diwinyddiaeth Ddiffygiol

A oes gwahaniaeth ei bod hi'n gyfnod hesb yn ddiwinyddol yng Nghymru heddiw? Wel oes. I ddechrau gall olygu nad yw'r ffyddloniaid yn cael cig. Eithr nid mater o roi llaeth iddynt yw hynny o raid chwaith, ond o roi llaeth sur iddynt efallai. Ond yn fwy na dim, mae angen i ni Gristnogion sylweddoli y gall rhai mathau ar ddiwinyddiaeth wneud llawer iawn o niwed.

Yn ei llyfr *'What Should I Believe'*, (Hydref 2008), dengys y seicolegydd Dorothy Rowe pam y gall rhai mathau o 'gredu' achosi trafferthion meddyliol personol aruthrol. *'The church keeps me in business'* meddai. Dengys hefyd beth yw natur credu iach.

Cyhuddwyd yr Eglwys gan adroddiad diweddar, o gyfrannu at y niwed corfforol a meddyliol a ddigwydd weithiau rhwng gŵr a gwraig, drwy ddarlunio perthynas Duw â ni mewn termau o ddominyddu. Mae esbonio gwaith Duw mewn termau gormesol yn awdurdodi rhai i ymddwyn yn drahaus mewn perthynas agos rhwng partneriaid, meddai'r adroddiad. Sonia hefyd am y niwed a wna pwyslais afiach ar 'hunanymwadu', yn yr ystyr o gymell rhai sy'n cael cam o hyd mewn priodas – y wraig bron heb eithriad - i faddau bob tro, yn enw 'cariad' a 'santeiddrwydd priodas' - heb fyth geisio gwella'r sefyllfa, a all fod yn un beryglus iawn i'r fenyw ac i unrhyw blant sydd o gwmpas.

Gall bygythiadau hyd yn oed i heddwch byd ddod oddi wrth ffynonellau diwinyddol hefyd. Dro'n ôl, yn Harvard, siaradodd Bill Moyers, dyn a enillodd y parch ar y teledu yn yr Unol

Daleithiau a gâi Richard Dimbleby ym Mhrydain slawer dydd, am Brotestaniaid ar yr adain dde wleidyddol yn America sy'n credu mai diwedd y byd fydd brwydr yn Armagedon, pan gaiff holl elynion Iesu eu dinistrio, a soniodd am ddylanwad darluniau rhyfelgar felly o ddiwedd amser ar bolisïau gor-syml a rhyfelgar yr Arlywydd George W. Bush.

Beth i'w Wneud?

Mae diwinyddiaeth yn faes aruthrol o eang, fel y gall ymholwyr ddigalonni wrth geisio ffordd i mewn iddi. Eithr yr hyn sy'n bwysig i ni sy'n gorfod neu'n dewis ymhél i ryw raddau â diwinyddiaeth, ac nad ydym yn ddiwinyddion proffesiynol, yw nid ceisio adeiladu systemau diwinyddol personol, ond casglu mwy a mwy o fewnwelediadau sylweddol diwinyddol a all gadw ein diwinyddiaeth bersonol ni yn iach - yn ddiogel a diniwed yn gyntaf, ond yn greadigol a dyrchafol hefyd. Dyma rai canllawiau i wneud hynny a ystyriaf fi'n bwysig. Gall eraill anghytuno, neu ychwanegu – neu'r ddau.

Canllawiau Diwinyddol

(a) Gweithgarwch eglwysig yw diwinydda yn y diwedd, rhywbeth i'w drafod gan gredinwyr yng nghwmni credinwyr eraill. Gall diwinyddion proffesiynol helpu, ond ni ellir ei adael i gyd iddynt hwy.

(b) Pa ddydd gwelais y frawddeg 'Credai ein tadau mai gair Duw oedd y Beibl, ond cred diwinyddion modern eu bod yn well na'n tadau'. Nid oes a fynno'r geiriau 'hen' a 'modern' ddim â gwirioneddau diwinyddol.

(c) Nid dadl rhwng Cristnogion yw diwinyddiaeth yn bennaf heddiw, ond rhwng Cristnogaeth a chrefyddau eraill ac anghrediniaeth. Rhydd hyn gydgyswllt newydd i ddiwinyddiaeth y gorffennol. Gwnaeth rhai fel Luther a Calfin waith mawr iawn, ond prin yr ysgrifennent heddiw fel y gwnaethent bryd hynny, a rhaid ystyried eu cefndir hwy wrth bwyso a mesur eu gwaith nawr.

(ch) Oherwydd datblygiadau athronyddol yn y ganrif ddiwethaf, a phlwralistiaeth a globaleiddio heddiw, cymerodd perthnasoldeb le absoliwtiaeth. Clywais ddweud, pe prynech gar Rolls-Royce slawer dydd, a holi am nerth y peiriant ynddo, ateb y cwmni fyddai, 'Bydd bob amser yn fwy na digon ar gyfer eich angen'. Ni ddylem ninnau mwyach wneud gosodiadau fel "mae'r efengyl yn ateb i bob peth", ond rhai fel - "tystiolaeth lluoedd ar hyd y canrifoedd, a heddiw eto, yw bod yr efengyl yn fwy na digon ar gyfer anghenion dyfnaf eu bywyd."

(d) Wrth ymgodymu'n ddwfn a gonest â phynciau llosg, megis erthylu, neu undod eglwysig, neu awdurdod y Beibl, neu hoywder, y byddwn debycaf weithiau, er gwell neu er gwaeth, o ddod o hyd i'n gwir ddaliadau ni.

(dd) Gall derbyn mewnwelediadau newydd fod yn anodd i ni weinidogion, am ein bod yn byw llai 'yn y byd' na lleygwyr, ac am ein bod wedi buddsoddi cymaint mewn hen ffyrdd o gredu. Gall gormod o ymwneud â chrefydd gyfundrefnol dagu chwilfrydedd hefyd. A dyfodd rhwyg heddiw rhyngom ni weinidogion a'n cynulleidfaoedd? Dywedodd cynullydd grwpiau wrthyf iddo un tro roi i gwmni o weinidogion a lleygwyr, y dasg o restru pum prif amcan eglwys. Ni chytunai'r lleygwyr ag unrhyw amcan a gynigiodd y gweinidogion – dim un!

(e) Dylem geisio gofalu nad yw'n mewnwelediadau'n niweidiol i neb. Mae gennym i gyd eisoes fwy o fewnwelediadau iach a diogel a golau nag y sylweddolwn. Eisiau cloddio am y rheiny sydd, a'u gwahanu oddi wrth rai arwynebol, rhai afiach, a pheryglus a thywyll hyd yn oed.

(f) Mae darllen yn bwysig iawn, iawn. Hen ferch a chanddi feddwl da ond na chafodd ddysg oedd Jane, aelod yn yr eglwys gyntaf a wasanaethais. Cawsai barlys yn ei choesau ers blynyddoedd. Pan awn i'w gweld, ei chwaer alwai 'Dewch mewn'. Fi ddechreuai bob sgwrs, ac ymatebion byr a swrth a roddai Jane. Yr oedd llyfrau wrth ei chadair, ac un bore, wrth i mi alw cyn iddi gael ei chodi, cefais gip arnynt. Bu bron i mi wylo. Hen bregethau a chofiannau poenus o anniddorol a diddychymyg, mewn iaith chwyddedig. Ers blynyddoedd mae'n siŵr, trôdd yr enaid briwedig anghenus hwn am ymborth oddi wrth feddyliau isradd i'w meddwl hi.

Y tro nesaf y gelwais arni yr oedd 'Chwech ar Hugain Oed' D. J. Williams yn fy llaw. Gadewais ef gyda hi, gan ddweud bod peth o hanes eglwysi'r cwm ynddo - yr unig obaith iddi ei agor. Yr wythnos wedyn, curais ar ddrws cefn ei thŷ, a'r tro hwn hi a alwodd 'Dewch mewn', cyfarchodd fi â gwên, ac yn syth, siaradodd yn egnïol a bywiog am y llyfr.

Mae'n bwysig i ni i gyd sgwrsio ac weithiau ymgodymu â meddyliau awduron mwy gwybodus a galluog na ni, awduron a all gyfoethogi'n meddyliau a dyrchafu'n hysbryd.

Casgliad

Ni ddymunais fywyd academaidd erioed, ond pe bawn yn fyfyriwr ifanc heddiw, nid wyf yn amau na fyddai awydd arnaf i fod yn ddiwinydd! Mae diwinyddiaeth yn fwy agored a difyr a chyffrous heddiw nag y bu ers amser hir. Dylai pob pregethwr geisio chwilio am y wefr yn yr hyn sy'n digwydd, a'i rannu o'r pulpud, a byddai'n braf pe gallai eglwysi geisio trefnu ffyrdd i'w pobl gyfranogi o'r wefr.

Cristnogaeth

Yr Eglwys Leol

Oesoedd yn ôl darllenais araith y Prifathro Lovell Cocks o Gadair Undeb Cynulleidfaol Lloegr a Chymru. Efe oedd Prifathro'r Coleg Cynulleidfaol ym Mryste ar y pryd, a disgwyliai pawb draethiad hyddysg ganddo ar bwnc academaidd trwm. Ond eglwysi lleol ei enwad oedd ei destun, a siaradodd amdanynt, nid yn ddelfrydol ond yn ddiriaethol - ac heb flewyn ar ei dafod. Clywswn lawer o siarad aruchel am yr Eglwys fel Corff Crist, ond sylweddolwn wrth ddarllen araith Cocks cyn lleied o siarad plaen am eglwysi lleol a glywswn cyn hynny.

Eglwysi Lleol Heddiw

Mae siarad plaen am eglwysi lleol Cymraeg yn fwy cyffredin nawr, ac addefir bod cwestiynau'n codi ynghylch bywyd ymarferol llawer ohonynt heddiw. I ddechrau'n unig, os pobl yn caru ei gilydd yw eglwys, pam mae aelodau'n eistedd mewn cwrdd fel pe bai'r frech goch ar bawb arall? Eto, pam fydd aelodau oedrannus, a gafodd bethau yn eu heglwys at eu dant ar hyd eu hoes, yn pleidleisio, pan ddaw ambell gynnig ger eu bron, am yr hyn yr hoffent hwy, nid beth fyddai orau i'w plant a'u hwyrion? Gellir mynd ymlaen. Geiriau'r gwleidydd John Reid am y Swyddfa Gartref pan aeth ef iddi'n Weinidog yn llywodraeth Blair oedd - *'not fit for purpose'*. Mae'r dyddiau'n rhai anodd iawn i eglwysi, a rhaid bod yn ystyriol iawn o'u hanawsterau, ond yn y diwedd, onid oes rhaid i ninnau ofyn y cwestiwn, a ydynt yn *'fit for purpose'*?

Pwrpas eglwys yw bod yn gymdeithas sy'n - a dyna'r broblem sylfaenol wedi ei nodi eisoes o bosibl, cyn dechrau bron. Onid y prif reswm am nychdod eglwysi heddiw efallai yw bod y syniad o eglwys fel cymdeithas mor wan, ac wedi bod felly ers oesoedd?

Yr Eglwys fel Cymdeithas

Yn nyddiau cynnar yr Eglwys, ymgasglai Cristnogion yn gymdeithasau gwirfoddol, a gwahanol i'w hamgylchfyd. Ond wedi i Ymerodraeth Rufain dderbyn Cristnogaeth fel ffydd yr Ymerodraeth, a gyda hyn deddfu bod pob baban i'w fedyddio, daeth yr Eglwys gyfled â'r boblogaeth gyfan. Yr oedd bod yn Gristion a bod yn ddinesydd yn gyfystyr, a dyna ddiwedd ar yr Eglwys fel cymdeithasau gwirfoddol gwahanol i'w hamgylchfyd.

O bryd i'w gilydd yn ystod y canrifoedd dilynol, ceisiodd rhai Cristnogion adfer cymdeithasau gwirfoddol a gwahanol. Mae'n dilyn o eiriau'r Athro Tudur Jones ar ddechrau ei lyfr 'Hanes Annibynwyr Cymru', mai ymdrech i greu cymdeithasau felly oedd mynachlogydd y Sisteriaid a'r Canoniaid Gwynion yn y Canol Oesoedd.

Adeg y Diwygiad Protestannaidd, siaradai Martin Luther o blaid yr eglwys fel cymdeithas o gredinwyr, cymdeithas wirfoddol a gwahanol - safbwynt y Bedyddwyr (a alwyd yn 'Ailfedyddwyr' bryd hynny). Ond yn y diwedd credai ef mwy mewn bedyddio pob baban, nag mewn cymdeithas o gredinwyr. Felly yn y diwedd, i Luther hefyd yr oedd yr Eglwys gyfled â'r boblogaeth gyfan; yr oedd bod yn Gristion a bod yn ddinesydd yn gyfystyr, a thyfodd Lwtheriaeth yn Eglwysi gwladol.

Ceisiodd yr Ymneilltuwyr cynnar, yr Annibynwyr a'r Bedyddwyr, greu eglwysi a oedd yn gymdeithasau gwirfoddol a gwahanol, ond tanseiliwyd eu hymdrechion gan y ffaith mai dadl ynghylch ffydd oedd y Diwygiad Protestannaidd yn y bôn, ac felly daeth ffydd yn brif bwyslais Protestaniaeth. At hynny, er mai ymddiried yn Nuw oedd ffydd i Luther a Calfin, dirywiodd ffydd ymhlith eu dilynwyr i olygu cytuno â chredo, a gallai hynny gyfiawnhau rhaniadau aneirif, gan gynnwys llawer o'r *splits* yng

Nghymru. Aeth yn angof geiriau Paul, 'ffydd, gobaith, cariad, ...A'r mwyaf... yw cariad' - a chariad sy'n cadw cymdeithas.

Adeg penllanw Anghydffurfiaeth, yn y bedwaredd ganrif ar bymtheg a dechrau'r ugeinfed, yr oedd Cymru'n 'wlad Gristnogol', a gwasgfa gymdeithasol gref ar bobl i fynychu'r 'moddion'. Unwaith eto yr oedd yr Eglwys gyfled â'r boblogaeth gyfan fwy na heb, a'i gwerthoedd hi a lywiai ei chymdeithas. Ychydig felly oedd o ymwybod o eglwysi fel cymdeithasau gwirfoddol a gwahanol bryd hynny eto. Tyfodd capelyddiaeth, a olygai gynnal a hybu sefydliad yn hytrach na hyrwyddo'r gymdeithas ynddo. Cofiaf i aelod fy hysbysu un diwrnod yn blwmp ac yn blaen mai capelwr oedd ef, nid Cristion! Rhybuddiodd efengylwyr ceidwadol ni o wendid capelyddiaeth, a chafwyd diwygiadau, ond iachawdwriaeth unigolyddol a gynigiai'r naill a'r llall. Gadawodd iachawdwriaeth unigolyddol ei ôl yn drwm ar Gristnogaeth y Gorllewin, gan gynnwys y Gymru Gymraeg; mae'n britho'n papurau enwadol a chydenwadol o hyd, mae'n amlwg mewn oedfaon ac ar y radio a'r teledu - ac yn *Caneuon Ffydd*, wrth gwrs. Yr oedd pwyslais unigolyddol yn bwysig iawn pan oedd capelyddiaeth yn lladd profiad Cristnogol personol, ac mae'n cyfrif bob amser. Ond pan gaiff y profiad hwnnw ei ynysu, a'i wneud yn brif brofiad Cristnogol, mae rhywbeth mawr yn mynd ar goll.

Iachawdwriaeth a'r Eglwys

Arwydd o bwysigrwydd y deall unigolyddol o iachawdwriaeth yn fy meddwl i pan oeddwn yn weinidog ifanc, oedd mai fel pe bai bollt wedi fy nharo y darllenais sylw gan Bernard Thorogood, Ysgrifennydd yr hen Gymdeithas Genhadol Llundain. Yn Affrica, meddai mewn cylchlythyr - mae'r dyfyniad wedi ei serio ar fy nghof - *'the marks of salvation are to be sought, not in the life of the individual, but in the life of the believing community.'*

Ers amser bellach, cafwyd pwyslais mawr yn y Gorllewin hefyd ar y berthynas rhwng iachawdwriaeth a'r gymdeithas Gristnogol yn ei ffurf fwyaf cyfarwydd, sef yr eglwys leol. Mae tri phegwn i'r pwyslais.

1. Yr eglwys leol fel sail diwinyddiaeth. Yn ôl Edward Farley - ac nid yw'n eithriad! - mae'r dull o setlo problemau diwinyddol o ddechrau hanes yr Eglwys, sef drwy ddyfynnu 'awdurdodau' - y Beibl, credoau, datganiadau, hierarchaethau, y Pab - wedi dod i ben. Mae'r *'House of Authority'* wedi syrthio meddai. Y ffordd ymlaen i ddiwinyddiaeth nawr yn ei farn ef yw adeiladu ar sail ymwneud dyfnaf Cristnogion â'i gilydd yn y gymdeithas eglwysig. Prif nodwedd yr ymwneud hwnnw, meddai, yw ei berthynas â'r hyn a eilw'n *'redemption'*.

I Farley golyga *'redemption'* symudiad, o gaethiwed i ryddid, o anghyfiawnder i gyfiawnder, o ddrygioni i ddaioni, o dywyllwch i oleuni, o lwybrau angau i lwybrau bywyd. Nid mewn gwagle rhwng nef a daear y caiff Cristnogion eu profiad aruchelaf o Dduw felly, nac mewn rhyw fan dirgel yn yr enaid, nac wrth addoli'n breifat ym mhresenoldeb Cristnogion eraill, ond yn y berthynas rhyngddynt a'i gilydd. Fel y dywedodd mynach cyfoes, Fergus Kerr, am fywyd mewn mynachlog, *"Relationship with others is more than merely the **occasion** for our growth in virtue, it is the **form** that it takes"*

2. Yr eglwys leol fel cymdeithas unigryw. Yn ôl ambell awdur esgeuluswyd yr eglwys leol, hyd yn oed gan Gristnogion a honnai eu bod yn ei phwysleisio. Er enghraifft, meddent, cyrsiau digyswllt fu paratoad llaweroedd ar gyfer y weinidogaeth, heb i neb dynnu'r cyrsiau at ei gilydd mewn ffocws ar wrthrych llafur mwyafrif y myfyrwyr weddill eu hoes, sef eglwysi lleol. Ac yr oedd y paratoad yn seiliedig ar y gred mai galwad i unigolyn bregethu oedd yr alwad i'r weinidogaeth yn bennaf, ac mai pobl yn ymgasglu i gael eu hymffurfio'n Gristnogion unigol drwy wrando'r 'Gair' oedd eglwys.

Pan deneuai'r cynulleidfaoedd, gwelodd neu synhwyrodd rhai gweinidogion fod yr alwad yn newid, o annerch cynulliadau o unigolion a gasglwyd gan rai o'r blaen, i adeiladu eu hunain gymdeithasau i dystio mewn oes newydd. Prif gymhwyster gweinidog yn yr ethos eglwysig newydd oedd greddf cymdeithasu - nid bod yn berson hwyliog, ond gallu adnabod doniau a'u hasio at ei gilydd, gallu ymdopi'n greadigol â gwrthdaro, a gallu datblygu consensws mewn cymdeithas eglwysig. Teimlodd rhai gweinidogion yn amharod yn broffesiynol i wynebu'r alwad newydd hon, a thrôdd nifer at feysydd mwy cydnaws â'u cymwysterau.

Ond yr oedd methiant cyffredinol hefyd i weld mor unigryw yw eglwys leol. Ni welwyd fod i eglwys, fel i berson, gymeriad arbennig â lefelau iddo. Ei bywyd ystadegol - pa ganran o'r aelodau sydd ym mhob degawd o ran oedran, beth yw'r gwahaniaeth yn eu deall o'u ffydd, beth yw ystyr patrymau addoli gwahanol yr aelodau. Ei bywyd anianol - natur corff yr aelodau o ran dysg, dosbarth, medr yn y Gymraeg, eglwys ffurfiol neu anffurfiol, llafar neu dawedog, ceidwadol neu radical. Ei hanes - nid pryd codwyd y festri - ond beth luniodd ei rhuddin, effaith pa gynweinidog sy'n aros, a beth yw'r effaith hwnnw. Ei darlun ohoni ei hun - yn arbennig o'i chymharu ag eglwysi eraill ei chylch - a pha mor gywir yw ei darlun? Beth yw natur ei hamgylchfyd agos, sef maes ei chenhadaeth? Beth yw prif anghenion y fro, beth yw'r anghyfiawnderau dyfnaf ynddi, pa gwmnïoedd eraill sy'n rhannu'r un consýrns? A'i hagwedd at ei byd - ei osgoi, neu fod yn lefain ynddo, neu ei drawsnewid? - rhestrodd un awdur saith teipoleg posibl i agwedd eglwys leol at y byd pell ac agos o'i chwmpas.

Ond prif nodwedd eglwys leol yw ei phrofiad cynulleidfaol hi o'r proses 'gwaredol'. Fel y dylai'r efengyl ryddhau unigolyn oddi wrth gyfyngiadau penodol, cybydd-dod efallai, neu falchder, ac i newydd-deb cyfatebol, megis haelioni, neu wyleidd-dra, felly hefyd, dylai'r efengyl ryddhau eglwys oddi wrth gyfyngiadau penodol sylfaenol, megis ystyfnigrwydd, neu gulni, ac i newydd-deb penodol, sylfaenol, megis ystwythder, ac eangfrydedd. Deall hanes y proses hwn ynddi eisoes, gweld cyfeiriadau y dylai eu dilyn i'r dyfodol, adnabod ffyrdd o wneud hynny, a llunio canllawiau i fesur eu llwyddiant, yw galwad yr eglwys leol. Bydd gweithgareddau eraill naturiol a iachus i unrhyw gymdeithas, o de parti hyd at noson lawen, ond yr alwad hon yw cydgyswllt pob gweithgarwch arall mewn eglwys. Hyn sy'n gwneud eglwys ohoni, hyn sy'n gwneud cymdeithas Gristnogol ohoni.

Prif waith gweinidog yw ymgydnabod â'r ffurf arbennig a gymerodd y proses gwaredol eisoes mewn eglwys y mae ganddo ofal ynddi, a gweithio gyda hi i adnabod pa lwybrau newydd y dylai hi eu cymryd i'r dyfodol. Cuddiodd y pwyslais ar unigolion arbenigrwydd a phwysigrwydd yr alwad i wasanaethu'r proses 'gwaredol' ym mywyd yr eglwys leol.

Pan feddyliaf amdanaf fi'n mynd o'r coleg, yn syth o astudio athroniaeth crefydd, a chrefyddau cymharol, a hanes eglwysig ac ati, i fugeilio eglwys leol, heb amgyffred o natur a her y proses gwaredol cynulleidfaol, gwridaf hyd yn oed nawr. Ond pleser wrth adael fy ngofalaeth olaf, oedd cyflwyno i'm holynydd ddogfen y cynorthwyais yr eglwys i'w chreu, dogfen yn mynegi ei deall hi o'i siwrne gwaredol, ble yr oedd wedi cyrraedd, a ble ddylai fynd nesaf. Yn ôl cyfrannwr i wefan Cristnogaeth 21, ymgymerodd o leiaf un eglwys Gymraeg â chreu dogfen felly.

3. Yr eglwys leol fel cyfrwng cenhadaeth. Er nad dyna'r unig wedd o genhadaeth yr eglwysi, ysgrifennwyd llawer erbyn hyn ynghylch yr eglwys leol fel modd i ddenu pobl at y ffydd - gan bwysleisio newydd-deb y safbwynt. Dyma enghreifftiau:

(a) Cenhadwr yn Ne India a ddaeth yn Ysgrifennydd y Cyngor Cenhadol Rhyngwladol, oedd Lesslie Newbiggin. Yn ei lyfr 'Sin and Salvation' (1957), cododd y cwestiwn, sut y gellir cael gwaredigaeth? Y peth iawn yn ei draddodiad ef meddai, fyddai dechrau â ffydd bersonol, a gweithio tuag at ddiweddglo byr ar yr Eglwys. Ond wedi meddwl, trôdd ef y drefn yna o gwmpas a thrafod yr Eglwys yn gyntaf, oherwydd fel arfer dyna'r drefn mae'n rhaid ei dilyn i ddod at Grist. Yr hyn a wêl ac a glyw y person di-Grist gyntaf fel arfer, meddai, yw'r Eglwys mewn rhyw wedd leol arni.

(b) Yn ei lyfr 'The Nature of Doctrine' (1986), haerodd George Lindbeck, diwinydd yn Iâl, yn groes i'r prif draddodiadau Cristnogol, nad drwy gredu gosodiadau athrawiaethol y daw pobl at ffydd. Patrymau esboniadol cynhwysfawr yw crefyddau, sy'n rhoi ffurf ar y deall dynol o'r hunan a'r byd. Dod yn Gristion yw dysgu iaith diwylliant Cristnogaeth. Dyna sut y daeth pawb ymron yn y Gorllewin at y ffydd meddai, drwy ddarllen y llyfr, canu'r caneuon, clywed y straeon, gwrando gweddïau, gweld bedyddiadau, derbyn pregethau, ac yna dewis arddel y ffydd yn bersonol. Oni bai am y cymdeithasu blaenorol yna mewn rhyw eglwys leol, meddai, prin y byddem wedi gwneud y dewis.

(c) Yn ddiweddar, dadansoddodd Derek Tidball, Prifathro'r 'London Bible College', atebion 180 o fyfyrwyr yn Ysgol Ddiwinyddol Llundain i gwestiwn a ofynna'r Ysgol i ymgeiswyr am le ynddi. Y cwestiwn yw, 'Sut y daethoch at ffydd yng Nghrist?' Casgliad Tidball (heb os nac onibai meddai), yw nad ailgyfeirio dramatig o fywyd yw tröedigaeth, ond diwedd proses o gymdeithasu mewn eglwys leol.

Nid gan arweinwyr meddyliol eglwysig yn unig y caed y pwyslais hwn, ac nid pwyslais un garfan ddiwinyddol yw - yng Nghymanfa Cyngor Eglwysi'r Byd, yn Delhi Newydd yn 1961, lansiwyd astudiaeth ar 'Strwythur Cenhadol y Gynulleidfa', a thema Fforwm yn Thailand yn 2004 gan Bwyllgor Lausanne i Efengylu'r Byd oedd - 'The Local Church in Mission'.

Cenhadaeth yr Eglwys Leol

Erbyn hyn dywedwyd yn fân ac yn aml mai 'cenhadaeth **yw** eglwys', ac efallai mai ysbryd cenhadol ddylai fod prif nodwedd bywyd gwaredol yr eglwys leol heddiw. Golyga hynny ymestyn allan - "Ewch i'r holl fyd" medd Iesu (Marc 16,15.) - ond os proses o gymdeithasu yw dod yn Gristion, fel y myn Lindbeck a Tidball, rhaid i'r estyn allan ddenu pobl mewn i gymdeithas yr Eglwys, iddynt gael eu cymdeithasu, a dyna'r her fawr i eglwysi lleol Cymraeg y dyddiau hyn.

Denu Pwy i Mewn?

Yr ateb - pawb ac unrhyw un o blith y Cymry Cymraeg dieglwys wrth gwrs. Ond gellid nodi rhai carfannau penodol o'r etholaeth gynhwysfawr honno.

(a) Bu gwaedlif o aelodau eglwysig ers tro. A ellid bod wedi cadw mwy? Pa ddydd cyfarfûm â Chymraes a oedd newydd adael eglwys Gymraeg y bu hi a'i theulu bach yn ffyddlon iddi, am eglwys arall. A welodd rhywun eu heisiau, ymweld â nhw, holi a oedd problem, ac o glywed am eu mynd, diolch am eu cwmni a'u cyfraniad, dymuno'n dda - a gofyn pam y symud, a allai rhywbeth eu cadw? Na. Neb.

(b) Mae rhai a fedyddiwyd, a dderbyniwyd, ac a briodwyd mewn eglwys, ond a'i gadawodd ers tro heb symud o'r cylch nac ymuno ag eglwys arall. A allai ambell un o'r rhain fod yn barod i ailgydio? Cyffesodd meddyg ifanc a fu'n aelod o gapel wrthyf dro'n ôl, iddo gywilyddio pan welodd ei blentyn gapel a gofyn beth oedd. Nid yr un yw llanc di-briod a thad! Oni ddylem chwilio am ffyrdd i ailgysylltu â chyn-aelodau felly?

(c) Mae Cymry Cymraeg nawr na fuont erioed ynghlwm wrth gapel neu eglwys, ac mae 'stwff' capel ac eglwys yn gwbl ddieithr iddynt. Mae siop yn cadw papur wythnosol i fi, a bydd y perchen yn rhoi enw Beiblaidd arno, Moses efallai - Methwsela un tro! Gweithia merch ifanc fywiog a galluog yno a addysgwyd mewn ysgol Gymraeg, ond ni fydd byth yn adnabod yr enw Beiblaidd ar y papur. Ni chlywsai'r gair Meseia! Beth a olyga i geisio denu a derbyn rhai na wyddant hyd yn oed elfennau felly?

Rhwystrau

Byddai denu pobl yn haws pe baem yn delio â rhai gwendidau 'bach' eglwysig y gallwn eu hesgeuluso yn ein hymchwil am atebion 'mawr' ysbrydol. Dyma rai:

(a) Delwedd mewnol. Yn rhy aml yn y gorffennol, pobl anodd a arweiniai ein heglwysi, a chadwai'r lleill eu cyngor. Soniodd Lovell Cocks am *'congregations of Christians without guts bullied by Christians without grace'*. Heddiw mae angen eglwysi y bydd eu haelodau'n falch ohonynt oherwydd eu parch a'u serch at ei gilydd. Ymfalchïodd y diwinydd Tertullian yn yr ail ganrif - *'See how these Christians love one another'*.

(b) Delwedd allanol. Dywed un a ŵyr beth-yw-beth wrthyf, bod ieuenctid Cymraeg yn gweld eglwysi'n fannau beirniadol. Pan âi pawb bron i'r cwrdd bu eglwysi'n gefn moesol i'w bröydd. Eithr cam bach oedd o hynny i hunangyfiawnder. Ond mae angen mwy nag osgoi bod yn feirniadol nawr. Mae eisiau bod yn groesawgar. Pa Sul, am na allwn symud fy nghar, sefais wedi'r oedfa ym maes parcio eglwys niferus yr oeddwn yn ymwelydd ynddi. Âi rhai heibio, yn amlwg yn siarad amdanaf - 'pwy yw e 'te?' - ond fel yn y capel, neb yn fy nghyfarch. Eto, yr oedd yn gylch cymdogol. Ac o ran delwedd dda i eglwys yn ei chylch, un ffordd sicr fyddai cyfrannu'n sylweddol at achos da lleol gwahanol bob blwyddyn.

(c) Elitiaeth. Cofiaf weinidog mewn cwm glo'n ymfalchïo bod pob darllenwr yn y gwasanaeth carolau y nos Sul cynt yn 'ei gapel ef', mewn prifysgol. Plant yr eglwys, ond mynd bant a wnaent gyda hyn, (a'r gweinidog), a gadael yr eglwys â phobl ifainc - heb bobl ifainc? - a wyddai nad oedd lle iddynt hwy mewn oedfa garolau. Ac a ddylai eglwys gydnabod llwyddiant addysgol ar goedd? Sut y teimlai'r plant a fethai'r *11-plus* slawer dydd pan longyfarchwyd rhai a basiodd, mewn oedfa? Ac o gael adroddiad, mewn eglwys o bobman, a oes eisiau dangos graddau ac ati ynddo?

(ch) Cyfoesedd. Bûm mewn cynulleidfa adeg y ddaeargryn yn Tseina a'r llifogydd yn Myanmar, ond ni chawsom gyfle i gydeiriol dros y dioddefwyr. Yr un fel y Sul wedi i Mugabe ddwyn etholiad yn Simbabwe, ac adeg ethol gŵr o waed cymysg i'r Tŷ Gwyn, a phan fu farw 'Baby P.' Ond digonedd o weddïau a phregethau 'tragwyddol'. Pam y mudandod byddarol yn y cwrdd ynghylch helyntion presennol cyfanfyd Duw?

(d) Meddwl am y tymor hir yn ogystal â'r un byr, bod yn barod i hau a gadael i eraill fedi. A dysgu gwers anuniongyrchedd! Cofiaf Wyddel yn sôn am fynd at feddyg oherwydd poen yn ei stumog. Gyrrodd hwnnw ef at ddeintydd, a dynnodd ddant, a gwellodd y stumog! Gall ateb i broblem fod yn bell oddi wrth ei effaith!

(dd) Parodrwydd i gael ein newid gan newydd-ddyfodiaid. Ein hawydd ni yw i bobl ddod atom a derbyn y bywyd sydd eisoes yn ein plith ni fel y mae. Croeso i'w presenoldeb, a'u cyfraniadau, ond nid i'w ffyrdd nhw o weld sut y gallai pethau fod yn wahanol.

Sut i ddenu pobl

O'r tu mewn yn unig y gellir gweld holl rychwant y profiad gwaredol sydd ar gynnig ym mywyd eglwys. Y dasg o ddenu yw cyflwyno rhagflas o hynny i bobl y tu allan, mewn ffyrdd sy'n cysylltu â'u hanghenion a'u gwerthoedd dyfnaf hwy. A beth yw'r rheiny? Yn ôl William Temple, Archesgob Caergaint (1942-44), pobl na fwriadant ddiwinydda sy'n mynegi syniadau diwinyddol orau weithiau. Dyma felly atebion 'anniwinyddol' ynghylch anghenion a gwerthoedd dyfnaf pobl.

1. Dywedodd y Sais Philip Larkin mewn cerdd am eglwys â chanddi fynwent o'i chwmpas - *'people will always gravitate to this place, thinking it a good place to grow wise in, if only that so many dead lie around.'* - geiriau a ddyfynnodd Dewi Z. Phillips yn ei lyfr 'Athronyddu am Grefydd'

2. Mae Sara Evans a Harry Boyte, dau gymdeithasegwr, wedi disgrifio eglwysi'n enghraifft o *'free space'*, sef mannau lle y gall pobl fagu hunan-hyder a dod i ddealltwriaeth ddyfnach o'r hyn sy'n lles pawb, mannau lle y mae yna gadw o werthoedd pwysig a fyddai ar wahân i hynny'n mynd ar goll, a lle mae bywyd cymdeithasol yn cael ei ddyrchafu.

3. Yn y nofel *'Meridian'*, gan Alice Walker, awdur du Americanaidd, mae'r prif gymeriad, Meridian, a feddyliai am *'the black church'* fel grym adweithiol, yn newid ei barn. *'Perhaps it was, after all, the only place left for black people to congregate, where the problems of life were not discussed fraudulently, and moral questions were taken seriously, and the approach to the future was considered communally'.*

Ymgasglu, doethineb, meidroldeb, cadarnhad, lles pawb, diogelu gwerthoedd, dyrchafu bywyd cymdeithasol, wynebu problemau bywyd yn onest, difrifoldeb moesol, agwedd gymunedol at y dyfodol. A gallwn i gyd ychwanegu at y rhestr yna, wrth gwrs.

Mae angen i eglwysi hysbysu eu cymdogaethau eu bod yn ymwneud ag anghenion a gwerthoedd fel yna sy'n gyffredin i bobl yn y byd a'r betws. Drwy gasglu grwpiau cyfeillgar mewn tai, a chynnal cyfarfodydd cyhoeddus mewn mannau niwtral - gydag eglwysi eraill efallai - ar bynciau sy'n fynegiant o'r anghenion a'r gwerthoedd hynny. Drwy ddatganiadau ymarferol creadigol, megis pobl ifainc eglwys/eglwysi'n cyfarfod mewn man canolog i dreulio noson mewn bocsys cardbord - i ddangos sut mae rhai pobl yn ein cymdeithas yn byw. Neu ginio un Sul y mis i dlodion y cylch. Ac unrhyw a phob ffordd arall. Ni ddaw pawb fyth 'i'r cwrdd'. Daw rhai annisgwyl, a rhaid bod yn effro i hynny, ond gan mwyaf, pobl y mae'r mathau uchod ar bwysleisiau yn golygu rhywbeth iddynt eisoes, sy'n debyg o gael eu denu. Methiant cenhadol pennaf yr eglwysi fydd methiant i ddenu rhai o'r rheiny.

Casgliad

Tan yn ddiweddar, ymddangosai y byddai'r pwysau Cristnogol y dyddiau hyn ar ysgwyddau gwahanol fathau o gyrff eglwysig canolog. Bydd nodded ac arweiniad cyrff felly bob amser yn cyfrif yn ein cymdeithas gyfoes gymhleth ni, ac mae llawer ohonynt yng Nghymru yn cynnig hynny ar hyn o bryd. Ond ymddengys drwy'r byd nawr mai eglwysi lleol aneirif mawr a mân fydd yn cario baich dyfodol Cristnogaeth yn bennaf.

Yn ôl un amcangyfrif, tua dau cant o eglwysi Anghydffurfiol fydd ar ôl yn y Gymru Gymraeg gyda hyn. Ond bydd rhai'n goroesi! Nid wyf yn amau nad prif nodwedd eglwysi a fydd yn goroesi yw eu bod yn creu cyfle rhwydd i'r aelodau drafod y math ar bynciau sydd yn yr ysgrif hon, ac i weithredu ar sail eu casgliadau.

Yn ddiweddar, wrth chwilio am ryw gofnod, darllenais bapur enwadol am y chwe mis diwethaf, a synnu at yr arwyddion o fywyd newydd mewn cynifer o eglwysi. Yn ddiweddar hefyd, rhestrodd gweinidog arall a minnau nodweddion bywyd eglwys leol iach. Digalonnodd ef. Yna aethom drwy'r rhestr, a synnodd ef at gynifer o'r nodweddion a berthynai i'r eglwys a wasanaethai. Mae adnabod ein llwyddiant yn bwysig. Er mwyn diolch, ond hefyd am fod hynny ynghlwm wrth weld faint rhagor ellir ei wneud.

Yr Eglwysi a'r Ddinas

Y Cymoedd

Gyda dechrau Chwyldro Diwydiannol y Gorllewin yn y 18fed ganrif, heidiodd gweision fferm o weithio ar y tir i weithio mewn chwareli, pyllau, gweithfeydd a ffatrïoedd, a mynd, llawer ohonynt, â'u teuluoedd gyda hwynt. Un o ganlyniadau'r ecsodus hwn yng Nghymru oedd cymoedd diwydiannol y De.

Yn ei gerdd 'Sir Forgannwg a Sir Gaerfyrddin', canodd Gwenallt am y pellter rhwng byd diwydiant Morgannwg, ei fan geni ef, a byd emynwyr Sir Gâr, man geni ei rieni. Adleisiodd emynau –

> 'Ni allai'r ddiwydiannol werin
> Grwydro drwy'r gweithfeydd fel pererin,
> A'i phoced yn wag a'r baich ar ei gwar..'

Ni ddyfynnwyd llinellau yr un bardd arall yn amlach gan bregethwyr, ond llinellau a allai addurno negesau oesoesol a ddyfynnwyd – 'Gwae i ni wybod y geiriau heb adnabod y Gair..' Prin oedd y pregethwr a wynebodd wrthgyferbynnu Gwenallt o dynged gweithiwr y cwm, â duwioldeb y wlad. Soniodd Densil Morgan yn 'Cristion' (Chwefror 2007), am 'y pryf eisoes yn y pren' yng Nghristnogaeth Cymru ddechrau'r ugeinfed ganrif - addysg secwlar, her Darwin, a beirniadaeth Feiblaidd:- 'Ond yn waeth na hyn, y cwestiwn cymdeithasol; pam yr oedd y capeli'n mynd yn gynyddol yn fwy mud pan oedd y gweithiwr yn codi ei lef dros ei hawliau ac yn herio anghyfiawnderau'r system gyfalafol? Ond cecru oedd crefyddwyr, y capelwyr a'r eglwyswyr yng ngyddfau'i gilydd ar gyfrif datgysylltu a dadwaddoli'r eglwys sefydledig.'

Hyd yn oed heb y cecru hwnnw, annhebyg y cefnogai arweinwyr crefyddol Cymraeg y cymoedd hawliau'r gweithiwr, yn bennaf oherwydd mai duwioldeb gwledig oedd hanfod eu Cristnogaeth. Capeli gwledig *'writ large'* oedd temlau Anghydffurfiol y cymoedd, atgynhyrchu crefydd y wlad oedd eu nod, ac yn aml, enw fel pregethwr yn y wlad oedd y cymhwyster i gael galwad iddynt. Nid oedd ymwybyddiaeth ddofn o'r gwahaniaeth rhwng bywyd y cwm diwydiannol a bywyd y wlad, yn ei rithmau, ei gyswllt â natur, ei gymdeithas, ei fywyd economaidd, ei wleidyddiaeth, ei obeithion.

Erbyn fy ordeinio i, lle oedd y cymoedd i weinidog glas fwrw prentisiaeth, cyn cael dyrchafiad i'r fro Gymraeg (neu i ynys ddinesig/swbwrbaidd o Gymreictod dosbarth canol yng Nghymru neu Loegr). Yr oedd rhesymau: ni allai fawr o gapeli'r cymoedd bellach gynnal gweinidog pan ymbriodai a chael plant. A dyna ddirywiad yr iaith, ychydig o weinidogion oedd yn gysurus yn Saesneg. Ond y prif reswm nawr oedd mai cadw'r *hinterland* gwledig yn gartref i'r diwylliant crefyddol Cymraeg oedd greddf gweinidogion.

Bu eithriadau. Yn fy enwad Annibynnol i, wedi iddo dderbyn galwad a symud o Don Pentre yn y Rhondda, i Hawen a Bryngwenith yng Ngheredigion, dychwelodd Alban Davies i Don Pentre ymhen pedwar mis! Yn 'Croesi Ffiniau', disgrifiodd Erastus Jones ei weinidogaeth gyd-destunol yng Nghwm Dulais na fu ei bath yng Nghymru yn y ganrif ddiwethaf. Dwy ffaith wahanol amdano ef oedd, mai mewn dinas y maged ef, Lerpwl, ac nad mewn pwnc arferol i fyfyriwr diwinyddol - Cymraeg, Hebraeg, Groeg neu Athroniaeth - y cafodd ei radd gyntaf, ond mewn Cymdeithaseg. (A raddiodd gweinidog Cymraeg arall erioed mewn Cymdeithaseg? - pwnc gradd gyntaf Martin Luther King, Jr.) Gweinidogaeth gyd-destunol ddiweddarach, ym Mhenrhys yn y Rhondda, oedd un John Morgan, un a gafodd brofiad o weinyddu ac a fagwyd yn y Rhondda. A bu eithriadau eraill.

Ond i ba raddau yr oedd methiant cyffredinol capeli ac eglwysi cynharach, i wynebu her bywyd newydd y cymoedd i strwythurau moesol, eglwysig a diwinyddol gwledig, yn gyfrifol am ddirywiad crefydd yno? Ai am nad oedd lle yn eu tystiolaeth i frwydr sylfaenol y gweithiwr, fel mai dihangfa oedd eu hefengyl yn y bôn, y cefnodd llawer o wŷr gorau'r cymoedd arnynt? (Dangosodd E. G. Millward yn ddiweddar yn 'Taliesin' fod methiant i wynebu her bywyd newydd y cymoedd yn nodweddu nofelau poblogaidd y bedwaredd ganrif ar bymtheg hefyd.)

Y Ddinas

Bellach daeth realiti cymdeithasegol newydd, y ddinas. Bu ffocws hanes ar y ddinas ers dyddiau Ninefe (lle yr oedd 120,000 yn byw yn y 7fed ganrif C.C. yn ôl Jonah 4:11.). Ond creadur newydd yw'r ddinas fodern. Pennawd erthygl mewn papur Sul y llynedd oedd, '*How Cities Took Over The World*'. Eleni, meddai'r awdur, am y tro cyntaf erioed, bydd mwy yn byw mewn dinas nag yn unlle arall. A yw'r newid, gofynna, ar raddfa'r un pan orffennodd dynoliaeth gasglu cregyn a llysiau a dilyn preiddiau, a dechrau ffermio? Yn rhifyn Ionawr eleni o'r '*Scientific American*', cysylltir y ddau ffenomenon hwnnw wrth nodi bod esblygiad dynol yn y 10,000 o flynyddoedd diwethaf wedi symud ymlaen ganwaith mor gyflym ag mewn unrhyw gyfnod cyn hynny, oherwydd dechreuad ffermio'n gyntaf, yna ddatblygiad dinasoedd.

Bu'r datblygiad dinesig diweddar yn syfrdanol: yn 1851, â phoblogaeth o 2 filiwn, Llundain oedd dinas fwya'r byd, nawr mae'n 8 miliwn. Mae'n dwf cyflym a byd-eang. Ym 1980, 121 o adeiladau oedd yn uwch nag wyth llawr yn Shanghai; nawr mae 10,000. Cofiaf finnau gerdded strydoedd poblog Kampala, Mwmbai a Madras, ac ymweld â *barrios* Bogota - erwau o dai o sinc a chlai a charbord a brisblociau a godwyd blith draphlith ar bennau'i gilydd gan ymfudwyr o'r wlad.

Dadleua rhai fod tranc y ddinas wrth law, am ei bod mor ddiamddiffyn gerbron peryglon modern, a bod cyfrifiaduron yn galluogi pobl i weithio gartref a thros bellterau. Ond tyfu mae'r ddinas o hyd mewn nifer a maint. Ym 1900, 16 o ddinasoedd oedd â phoblogaeth mwy na miliwn, nawr mae dros 400. Am *'global cities'* y soniwn heddiw, nid am dranc y ddinas, ac mae'r broses o ddinasoli yn rymusach nag erioed.

Dinasoedd Cymru

Mae gan Gymru nawr dair dinas ifanc, swyddogol - Caerdydd (1905), Abertawe(1969), a Chasnewydd (2002) – a Wrecsam gyda hyn? Ac mae eglwysi Cymraeg yn y dinasoedd hyn. Nid yr un fydd tystiolaeth eglwysi Cymraeg dinesig ag eglwysi Seisnig dinesig, ac nid yr un yw sefyllfa ac adnoddau pob eglwys Gymraeg ddinesig. Ond a oes her i hen agweddau a strwythurau diwylliannol, moesol, eglwysig a diwinyddol yn y ddinas yng Nghymru, fel y bu yn y cymoedd?

Cymru a'r Ddinas

Yn sicr, collfarnu'r ddinas wnaeth rhai o arweinwyr Cymraeg byd a betws yng Nghymru. Nid molawd iddi oedd y bryddest a enillodd goron i T. H. Parry-Williams ym Mangor ym 1915:

> 'Pa ddyn, â dwyfol chwant
> Am ryddid enaid ac ehangder maith
> I hwnnw hedeg ynddo, allai fyw
> Yn llyfeitheiriau tyn y ddinas fawr, …'

Safbwynt rhamantaidd dyn ifanc 26 oed? Ond ym 1962, 47 o flynyddoedd wedyn, yn 73 oed, ailgyhoeddodd Parry-Williams argraffiad preifat o 'Y Ddinas'!

Ym 1969, cyhoeddwyd 'Rhwydwaith Duw', 'Casgliad o Homilïau a Phregethau' caboledig gan un a fu'n weinidog Bedyddwyr *Castle Street*, Llundain. Testun un o'r pregethau oedd Genesis 4:16,17, 'A Chain a aeth allan o ŵydd yr Arglwydd ac a drigodd yn nhir Nod, o'r tu dwyrain i Eden…yna yr oedd efe yn adeiladu dinas'. Gweinidogaethai Walter P. John mewn dinas enfawr, ond yn ôl y bregeth honno, agwedd negyddol iawn oedd ganddo tuag at y ddinas. Ni welai her arbennig i eglwys ynddi, a dim ynddi a oedd yn fendith. Yn wir, dywed fod 'arswyd y ddinas ar y Beibl'!

Agwedd Newydd at y Ddinas

Eithr i Jacques Ellul, Athro Cymdeithaseg(!) yn Bordeaux yn Ffrainc, y gwrthwyneb hollol yw'r gwir. Iddo ef y ddinas yw'r allwedd i'r Beibl. Dyna, meddai yn 'Ystyr y Ddinas' – a gyhoeddwyd hefyd ym 1969 - lle mae posibiliadau da a drwg yn cael eu hymestyn fwyaf. Yno gall cerddor ddatblygu ei dalent i'r eithaf, ac y gall unigolyn gasglu mwyaf o bŵer, ond yno hefyd mae unigrwydd ddwysaf, ac y caiff y dihiryn ei faes brasaf. Ysgrifennai Ellul o safbwynt Cristnogol, a chyflwynodd y ddinas nid yn unig fel y lle y mae'r angen dyfnaf am ras, ond hefyd fel prosiect dynol y mae Duw'n ei dderbyn. Delfryd rhai crefyddau, meddai, yw meysydd Elysaidd tragwyddol, ond nid dychwel i ardd Eden yw cyflawniad hanes yn y Beibl. Y diwedd yn ôl llyfr Datguddiad yw dinas, dinas Duw, y Jerwsalem newydd 'y mae gogoniant Duw'n ei goleuo.' Mae'n ffydd yn cymryd y ddinas o ddifrif, ac yn ein cymell ninnau i wneud hynny, medd Ellul.

Un a wnaeth hynny oedd Raymond Bakke, gweinidog efengylaidd ceidwadol a weithiodd am flynyddoedd yn Chicago. Yn ei lyfr gwybodus, 'The Urban Christian', dywed na ellir dal ati mewn dinas heb ddiwinyddiaeth dinesig addas. Dechreua ef â'r Beibl, sy'n defnyddio'r gair dinas 1200 o weithiau meddai, ac sy'n sôn am 119 o ddinasoedd. Dilyna Bakke hynt gymeriadau Beiblaidd fu'n ymhél â'r ddinas, megis Jonah, Daniel, a Nehemiah, heb sôn am Iesu a Paul. Ond mae ei ddiwinyddiaeth dinesig yn lletach o lawer na'r hanesion Beiblaidd yn unig.

Eglwysi Dinas a Rhyddid

Un arall a ysgrifennodd am y ddinas oedd Harvey Cox, cyn-Athro Diwinyddiaeth yn Harvard yn yr Unol Daleithiau. Yn ei lyfr 'Secular City' (1965), un o lyfrau nodedig yr ugeinfed ganrif, dywedodd fod rhywbeth ym mywyd dinas fodern na welwyd o'r blaen, a'i fod yn effeithio ar batrymau meddwl a byw ym mhobman. Yn ôl Cox, mae dinas, drwy'r *'anonymity, mobility, and tolerance'* sy'n nodweddu ei bywyd, yn ofod i fathau newydd o ryddid, i eglwysi fel ag i bawb arall.

Elfen gref yn y rhyddid hwnnw i eglwysi dinesig yw absenoldeb cymhlethdodau a berthyn i fywyd eglwysi mewn mannau eraill. Cofiaf weinidog, newydd symud i eglwys Gymraeg yn Llundain, yn synnu cymaint 'rhwyddach' oedd ei gynulliad yno na'r rhai a wasanaethodd yng Nghymru. Ond trigai ei braidd newydd yn ddaearyddol a galwedigaethol a chymdeithasol bell oddi wrth ei gilydd. Pe bai ganddynt broblemau â phersonau yn eu bywyd dyddiol, annhebyg y perthynai'r rheiny i'w heglwys, fel na fyddai'r problemau'n ymyrryd â bywyd yr eglwys.

Eglwysi Eraill

Mor wahanol yw hi'n aml mewn eglwys wledig neu bentrefol, a threfol hyd yn oed. Yno gall cysylltiadau cymhleth rhwng aelodau effeithio'n drwm ar fywyd y gymdeithas. Gallant ŵyro meddylfryd cynulleidfa oddi wrth y byd y tu allan, maes ei chenhadaeth, i dyndrâu ei bywyd mewnol. Yn yr eglwys gyntaf a wasanaethais, mewn pentref, yr oedd un aelod yn ddiacon, yn brifathro'r ysgol leol, ac yn gynghorwr. Anodd mynd i'r afael â'r prifathro neu'r cynghorwr heb i hynny ymyrryd ar y berthynas â'r diacon! Caiff aelodau eglwys mewn cymdogaeth agos hyd yn oed eu hatal weithiau rhag bod yn nhw eu hunain - 'rhai od yw'r teulu yna i gyd.'

Mewn eglwysi felly gall cysylltiadau teuluol effeithio ar bleidleisio – am swyddogion, am ryw newid, a gall tynfa'r gorffennol gryfhau ymlyniaeth wrth hen drefn, a sedd mam, a brics a morter. Gall fod problemau ym mherthynas yr aelodau â'i gilydd hefyd, megis ewyllys, ffin gardd, aelodau'n cynnig am yr un swydd, ysgariad cas rhwng plant dau deulu. Cofiaf enghreifftiau o'r union ffactorau hynny – a mwy - wrth weinidogaethu yng Nghymru. Synnwn at allu grasol rhai i gyd-gymuno yn wyneb ambell straen, ac at sgiliau llawer yn ymdrin yn heddychlon â phawb. Eithr gallai hynny sugno egni ysbrydol goreuon yr eglwys, a gwneud siarad plaen yn yr eglwys yn anodd, os nad amhosibl. Nid yw ffactorau felly mor ymwthiol ag y buont, ond maent yno o hyd mewn llu o fannau.

Peryglon Rhyddid Eglwysig

Fel i bob rhyddid, bydd peryglon i'r rhyddid eglwysig y soniodd Cox amdano, oddi wrth derfynau meddyliol, oddi wrth bwys hen batrymau, oddi wrth ddiffyg antur, oddi wrth ysbryd sefydliadol. Rhaid maethu'r rhyddid hwn, rhoi iddo flaenoriaeth a'i warchod, er mwyn ei fwynhau i ddechrau, ond hefyd oherwydd yr hyn a ddywedodd Elisabeth Schussler Fiorenza, Athro Diwinyddiaeth yn Harvard, mewn seminar a gynhaliwyd yn ddiweddar yn Harvard i ailymweld â llyfr Cox. Yr hyn a gynigia'r rhyddid y soniodd Cox amdano i eglwysi dinas, meddai hi, yw ysbrydolwydd gwahanol i'r didoli a'r dominyddu fu ynghlwm wrth grefydda traddodiadol.

Ysbrydolrwydd Eglwys Dinas

Ar wahân i ddweud ei fod yn wahanol i'r didoli a'r dominyddu a fu ynghlwm wrth grefydda traddodiadol, mae'n anodd diffinio'r ysbrydolrwydd eglwysig y soniodd Fiorenza amdano. Rhywbeth y bydd eglwysi dinesig yn rhoi eu ffurf eu hunain arno yw. Ond dyma ddetholiad o nodweddion a dybiaf fi sy'n fynegiant o'r ysbrydolrwydd hwnnw, ac a welais i ym mywydau rhai eglwysi dinesig, neu a brofais i fy hun mewn eglwys ddinesig.

1. Ystwythder. Ymwelais un tro ag eglwys yn y Bronx yn Efrog Newydd, a drôdd mewn deng mlynedd, oherwydd newidiadau yn ei chymdogaeth, o fod yn eglwys o aelodau gwynion, i fod yn eglwys o aelodau duon, yna i fod yn eglwys o Americaniaid Lladinaidd yn addoli mewn Sbaeneg. Mae newidiadau fel yna'n amherthnasol i eglwys Gymraeg ddinesig, ond yr oedd yr eglwys honno'n fodel o eglwys yn gwerthuso ei bywyd, ac yn ymateb mewn pryd i'r galwadau newydd arni.

2. Naws agored a all gymell gweinidog i rannu â'i aelodau ei

freuddwydion dros yr eglwys, ac i roi cyfle iddynt hwythau i ymateb iddynt. Gall naws felly hefyd ennyn hyder cynulleidfaol a all ddenu aelodau i fynegi eu gobeithion eglwysig hwythau, a chyfrannu at droi breuddwydion gweinidog a'u gobeithion hwy'n gynlluniau unol am y dyfodol pell ac agos.

3. Cydraddoldeb trwyadl sy'n esgor ar batrymau eglwysig a rydd gyfle i bob aelod yn ddiwahân, i berthyn i ryw gwmni yn yr eglwys a fydd â chyfrifoldeb am ddod ag awgrymiadau gerbron yr eglwys ynghylch rhyw wedd o'i bywyd – faint o'i chyllid ddylai fynd at achosion da (a pha fathau ar achosion da), pa weddau o addysg sydd eu hangen arni, sawl menter genhadol y gall yr eglwys ymgymryd â hwynt, a sut mae eu hariannu.

4. Gofal bugeiliol rhydd o'r amwysedd sydd ynghlwm wrth gysylltiadau teuluol mewn eglwysi eraill. Gofal yn amlygu ei hunan drwy greu strwythurau bugeiliol, megis grwpiau wedi eu ffurfio yn ôl ardaloedd, neu yn ôl angen (angen cymdeithasu, angen astudio, angen cymorth mewn rhyw adfyd).

5. Cyfleoedd i wynebu materion moesol cyfoes a llosg yn y gymdeithas o gwmpas, ac i drafod cwestiynau diwinyddol sy'n gwasgu.

6. Egni cenhadol sy'n arwain pobl i greu strategaeth i ddiogelu dyfodol yr eglwys, strategaeth barhaol ond ystwyth, un wedi derbyn bendith yr holl aelodau ac wedi ei gwau'n annatod i mewn i fywyd yr eglwys.

7. Gwasanaeth i gymdeithas. Mewn dinas y daw rhai problemau dynol i'r wyneb gyntaf a dwysaf, cyffuriau, y fasnach rywiol, y digartref, tlodi ac unigrwydd ac iselder ysbryd. Ni all yr un eglwys dinas ymateb i bob angen, ond gall ganolbwyntio ar ambell un, gan gydweithio ag eglwysi ac asiantau eraill efallai. Mae gweithgarwch felly'n ffordd o efengylu hefyd. Y math ar eglwys a ymgymera â heriau felly fydd yn denu rhai.

8. Cymdeithas gynhwysol, cynhwysol ei hiaith a'i chymdeithas a'i hagwedd, cymdeithas â pharch ynddi i'r ifanc a'r hen a'r anabl a'r gwahanol. Cymdeithas a fydd, drwy ei haddoli a'i threfniadaeth

yn arddel dulliau amrywiol o fyw, yn cydnabod cyfnodau bywyd, ac yn effro i newidiadau cymdeithasol fel y cynnydd diweddar o bobl sengl.

9. Diddordeb mewn celfyddyd. Yn y ddinas mae orielau a theatrau a neuaddau cyngerdd. Os yw'n wir mai'r artist yw'r cyntaf i synhwyro ysbryd yr oes, mae eglwys dinas mewn lle da i glustfeinio ar ambell neges o'r byd hwnnw.

Gall rhestru nodweddion eglwysig dinesig fel yna gyfleu mwy o ddarlun delfrydol efallai nag o ddarlun real, yn enwedig yn y byd eglwysig fel y mae heddiw'n gyffredinol, hyd yn oed mewn dinas, ac yng Nghymru fel ym mhobman arall. Wrth gwrs, gall darlun delfrydol fod yn ysbardun ac yn ysbrydiaeth, ond nid cyfres o nodweddion gwahanol mo'r detholiad uchod, i'w meddiannu i gyd gan bob eglwys ddinesig, yn gymaint â nifer o arwyddion o ansawdd o ysbrydolrwydd sy'n bosibl i eglwysi dinesig a all feddiannu'r rhyddid a ganiatâ'r ddinas iddynt.

Dylanwad Eglwysi Dinesig

I raddau, methu wnaeth eglwysi'r cymoedd, hyd yn oed pan oeddent yn orlawn. Eithr nid egeulustod na gweinidogion na chynulliadau oedd yr achos – o leiaf nid o raid – ond gorthrwm hen feddylfryd. Ond mae rhai yn y Gymru Gymraeg Gristnogol eisoes yn gweld bod gan eglwys dinas ei galwad arbennig. Cafwyd ambell ddarlith, ambell lyfryn, ac mae rhai gweinidogion yn mynd i'r afael â theithi'r ddinas. (A bod yn fanwl, mae rhai ymatebion i'n sefyllfa gyfoes i'w gweld mewn ambell eglwys ar gyrrau'r ddinas hefyd.)

Drwy'r Mamau a'r Tadau Pererin a laniodd yno ym 1620, ymsefydlodd Cynulleidfaolwyr yn America fodern cyn pob enwad arall sydd yno nawr. Eto, pan gyfeiria papurau dyddiol America at brif enwadau'r wlad, enwant bawb ond y Cynulleidfaolwyr – am eu bod yn garfan fach, di-ddylanwad – a digwyddai hynny cyn i'r mwyafrif ohonynt ymuno ag eglwysi Presbyteraidd i ffurfio Eglwys Unedig Crist ym 1957.

Pam hynny, a hwythau wedi ennill y blaen ar yr enwadau eraill? Y rheswm yw nad yw Cynulleidfaolwyr yn yr Unol Daleithiau erioed wedi ymgodymu â'r ddinas. Ni wynebodd hyd yn oed yr ychydig a sefydlwyd mewn dinas, ar wahân i eithriadau prin iawn, her y broses o ddinasoli i weinidog ac eglwys. Felly ni ddatblygodd y Cynulleidfaolwyr yno eglwysi dinesig a allai fod yn 'flagships', yn rhoi arweiniad i eglwysi eraill mewn eglwysyddiaeth a moesoldeb a chenhadaeth a diwinyddiaeth addas i un o ffenomenau mwyaf arwyddocaol ein cyfnod. Yn y byd modern gall eglwysi dinas gael dylanwad ymhell y tu hwnt i'w muriau eu hunain.

Pa ddydd, disgrifiodd gweinidog o gefn gwlad Ceredigion wrthyf effeithiau dinasoli ar ei gylch ef – mewnlifiad o ddieithriaid, pellhau o gymdogion, gwahanu o deuluoedd, chwalu hen batrymau o gydymddwyn, newid gwerthoedd, ac yn y blaen. Ni all yr un eglwys yn unman mwyach anwybyddu rhyw fesur o her dinasoli a bod yn gwbl berthnasol.

Drwy fod ar flaen y gad yn wynebu'r her honno, gall eglwysi dinas fod yn fendith i eglwysi eraill. Drwy feddiannu ac archwilio'r rhyddid eglwysig y soniodd Cox amdano, ac ymgorffori'r ysbrydolrwydd y soniodd Fiorenza amdano, drwy arbrofi mewn trefniadaeth, patrymau bugeiliol, mentrau cenhadol, tystiolaeth gymdeithasol, canllawiau moesol, a mewnwelediadau diwinyddol, gall eglwysi dinas nid yn unig wasanaethu eu haelodau eu hunain, a'u dinas, gallant hefyd arddangos ymatebion perthnasol gobeithiol i eglwysi eraill a all fod yn ymgodymu, yn ynysig ac yn ddigalon efallai, â'r broses o ddinasoli. Gall clywed am ymatebion effeithiol eglwysi dinesig i'w hamgylchfyd hwy, gynnig rhai atebion a mesur o obaith i eglwysi mewn lleoedd pell i ffwrdd, a gwahanol iawn. Mae hynt eglwysi'r ddinas o bwys i ni i gyd.

Cristnogaeth a Diwylliant

O bob gair a gysylltir â chrefydd heddiw, efallai mai'r un a gysylltir amlaf â hi yw 'diwylliant'. Nid diwylliant yn yr ystyr o'r celfyddydau cain, o gerddoriaeth, paentio, cerflunio ac ati, ond yn yr ystyr ehangach o'r patrymau o ymddwyn a meddwl, a'r safonau a gwerthoedd ymhlyg ynddynt, a ddefnyddia dynoliaeth i 'ddiwylltio' ei bywyd cyfan.

Mae'r berthynas rhwng crefydd a diwylliant yn gymhleth, yn arbennig yn y byd cyfoes y mae cynifer o newidiadau diwylliannol yn digwydd ynddo'n barhaus. Gall y berthynas fod yn llesol, ond gall fod yn niweidiol hefyd. Mae llu o sefydliadau felly'n ymdrin â'r berthynas nawr. Mae cyrff sy'n dwyn enwau fel *'The Institute of Religion and Culture'*, mae cadeiriau prifysgolion mewn *'Religion and Culture'*, ac mae cylchgronau sy'n dwyn teitlau tebyg. 'Canolfan Ffydd a Diwylliant' yw'r Morlan yn Aberystwyth.

Heddiw, gyda datblygiadau mewn cyfathrebu a thrafnidiaeth, a globaleiddio, a'r cynnydd felly mewn cysylltiadau rhyngwladol, mae diwylliant byd-eang yn dechrau ymddangos. Defnyddia peilotau awyrennau pob gwlad yr un iaith - Saesneg - wrth siarad â meysydd awyr ymhob man. Caiff yr un iawnderau dynol eu derbyn fwyfwy ar draws y byd, wyneba dynoliaeth gyfan yr un bygythiad i'r amgylchedd, a nawr gwyddom bod ein holl ymwneud ariannol a masnachol yn perthyn i'r ymwneud ariannol a masnachol ym mhobman arall. Pan ofynnais i Griston ifanc o gyfreithiwr a aned yn Sri Lanka, a aeth i ysgol gynradd yn

Singapore, un uwchradd yn Lloegr, coleg yn yr Unol Daleithiau, ac a briododd ferch Hindŵaidd o'r India, sut y gwelai ei hun o ran cenedl, atebodd na olygai gwlad ei eni fawr iddo mwyach, mai fel dinesydd byd y gwêl ei hun nawr, a bod hynny'n wir am nifer o'i ffrindiau. Tebyg y dywed llawer mwy yr un fath gyda hyn. Ond deil trwch trigolion daear i berthyn i un o nifer o brif ddiwylliannau. Mae'n siŵr y bydd pawb a ddarllena'r ysgrif hon, er enghraifft, yn perthyn i'r diwylliant gorllewinol sydd ar hyn o bryd yn gymysgwch o nodweddion Modern fel secwlariaeth, democratiaeth a thechnoleg a chyfalafiaeth, a rhai Ôl-fodern fel plwralistiaeth, globalyddiaeth, a pherthynoledd.

Perthynas Cristnogion â'u Diwylliant

Dros y canrifoedd ymneilltuodd rhai Cristnogion oddi wrth y diwylliant sy'n amgylchfyd iddynt, mynachod er enghraifft. Ystyriodd rhai ohonynt eu hymgadw oddi wrth eu diwylliant yn ymateb cadarnhaol iddo - i weddïo drosto, neu i gynnig ffordd rhagorach mewn protest yn erbyn cyfaddawdu Cristnogol ynddo. (Diddorol oedd gweld gwrthryfel cyhoeddus mynachod Bwdïaidd yn Tibet yn erbyn polisïau Tseina yno'n ddiweddar.)

Ymneilltuo oddi wrth wedd yn unig o'r diwylliant sy'n amgylchfyd iddynt y bydd rhai, fel yr Amish yn America, sy'n Fedyddwyr yn y bôn. Ymwrthodant hwy â moderniaeth, drwy deithio mewn cerbydau du, hen ffasiwn â cheffylau yn eu tynnu, gwisgo dillad oes a fu, byw mewn cymunedau agos, gweithio dros ei gilydd, a phriodi ond ag Amish. Ymgeidw Cristnogion eraill oddi wrth rai o brif lwybrau eu diwylliant gan gredu mai lle colledig yn mynd â'i ben iddo yw'r byd hwn, heb ddim y gellir ei wneud am hynny ond ceisio 'achub ambell bentewyn o'r tân'.

Ond i Gristnogion eraill, Duw piau'r hollfyd, a'u galwad hwy yw byw'n llawn ynddo. Golyga hynny dderbyn eu diwylliant, ac uniaethu ag ef fel dinasyddion. Golyga hynny hefyd fwynhau ei fanteision, gwerthfawrogi ei fendithion, a bod yn barod i gymryd rhyw gyfrifoldeb yn ei brosesau. Golyga hefyd wrthwynebu tueddiadau ynddo a ystyriant yn annoeth neu'n annheg, fel y dylai unrhyw ddinasyddion.

Bydd perthynas Cristnogion â'u diwylliant weithiau'n ddiniwed, mater syml o fenthyg oddi wrtho, er enghraifft. Yn y bedwaredd ganrif, pan beidiodd Cristnogaeth â bod yn grefydd anghyfreithlon, gallai Cristnogion godi adeiladau am y tro cyntaf erioed, ond nid oedd unrhyw batrwm o adeilad Cristnogol i'w gael. Yr hyn a wnaethant felly oedd defnyddio patrwm yr unig adeilad cyhoeddus y gwyddent amdano - y fforwm Rhufeinig. Eto, yn y ddeunawfed ganrif, defnyddiodd diwygwyr Cymru gerddi secwlar eu diwylliant yn gyfeiliant i'w hemynau.

Benthyciodd y diwylliant o'u cwmpas oddi wrth Gristnogion hefyd - mae gwyddoniaeth fodern y Gorllewin er enghraifft, wedi tarddu o ddiddordeb Cristnogaeth yn y byd materol, diddordeb sy'n codi o'r datganiadau yn y bennod gyntaf o Genesis fod y byd a greodd Duw yn dda. (Ni ystyrid mater yn dda gan bob crefydd.)

Weithiau dysgodd Cristnogion wersi oddi wrth eu diwylliant na allent hwy eu gweld eu hunain, oherwydd elfennau yn eu deall hwy o'u ffydd. Yn y bedwaredd ganrif ar bymtheg, oherwydd dull cyfyng o ddehongli'r Beibl yn achos llu ohonynt, yr oedd trwch Cristnogion o blaid caethwasiaeth. Yr hyn a symbylodd rhai ohonynt - gan gynnwys Wilberforce - i ymladd yn erbyn un o'r anghyfiawnderau tywyllaf y bu gwareiddiad yn gyfrifol amdano erioed, oedd y dyngarwch a oedd yn un o ffrwythau'r Oes Olau yn y ddeunawfed ganrif. Yr un fath heddiw ynghylch cydraddoldeb i fenywod. O'r byd y tu allan y daw llawer o'r wasgfa ar Gristnogion i'w gydnabod. Llusgo traed mae rhannau helaeth o Gristnogaeth o hyd.

Ond gall Cristnogion gael eu dylanwadu er gwaeth gan eu diwylliant hefyd. Mewn anerchiad a draddododd yn San Steffan pan oedd yn Ysgrifennydd Cymru, disgrifiodd Peter Hain ddiwylliant economaidd Cymru fel 'a risk averse, can't do culture'. Ond onid yw hynny'n aml yn ddisgrifiad o ddiwylliant cyffredinol Cymru? Ac onid yw hynny'n effeithio ar ei Christnogion?

Dywed rhai arweinwyr Cristnogol yn aml nawr mai galwad

Cristnogion yn y Gorllewin heddiw yw bod yn elfen 'gwrth-ddiwylliannol' yn eu cymdeithas. Gall hynny, er enghraifft, olygu mynegi pryder pan fydd pethau a ystyriant yn dda a phwysig yn eu diwylliant yn mynd ar goll. Yn ei lyfr 'Lost Icons', sy'n dwyn yr is-deitl sobr 'Essays in Cultural Bereavement', mynega Rowan Williams bryder ynghylch elfennau sy'n mynd ar goll yn ein diwylliant gorllewinol ni, elfennau mor waelodol fel ei bod yn anodd ganddo ef ddychmygu sut y gall unrhyw gymdeithas fodoli hebddynt. Nid am faterion penodol Cristnogol y sonia yn y cyswllt hwn, ond am bethau a berthyn i les y diwylliant yn gyffredinol. Sonia am ddiffyg amynedd â phlentyndod, am ddulliau o gladdu'r meirw, a phwysigrwydd addewidion.

Mae mwy a mwy hefyd o sôn gan arweinyddion eglwysig heddiw, am yr alwad i Gristnogion ymwrthod â phrif deithi niweidiol eu diwylliant, a cheisio dangos ffordd well. Yng ngolwg rhai, golyga hynny ymwrthod yn arbennig â dwy ffenomenon cyfoes, sef prynwriaeth, a thrais. Ymwrthod â'r naill drwy fyw'n ofalgar, a chefnogi achosion da, ac ymwrthod â'r llall drwy fyw'n faddeugar a heddychlon a theg, a chodi llais yn erbyn rhyfelgarwch a'r fasnach arfau.

Gelwir ar Gristnogion heddiw hefyd i wynebu'r 'rhyfeloedd diwylliannol' yn ein cymdeithas drwy geisio ffurfio barn oleuedig ar faterion newydd ac enfawr, megis ynni niwclear, AIDS, ymchwil i fôn-gelloedd, lles y cread, erthylu, hoywder, a dosbarthu cyfoeth - materion a eilw am ymdriniaeth foesol ddoeth, a dewr efallai. Weithiau, mater yw hynny o fynegi barn na fydd yn wahanol pa un a yw'r rhai sy'n ei mynegi'n Gristnogion ai peidio. Ond weithiau gelwir ar Gristnogion i geisio cyfrannu goleuni o ystôr canrifoedd o ymwneud Cristnogaeth â moeseg ac â gwerthoedd dynol, ac o feddyliau Cristnogol ynghylch natur a thynged dyn. (Dylai eglwysi fod yn fwy o ganolfannau dysg a thrafod heddiw nag erioed.)

Diwylliannau Cristnogol

Ond yn ei holl ymateb i'w ddiwylliant, dylai'r Eglwys Gristnogol gofio nad cymdeithas wedi ei ffurfio gan yr efengyl yn unig yw hi. I ddechrau, bydd hi'n anochel yn ymgorffori elfennau o'r diwylliant o'i chwmpas, fel y bydd y diwylliant yn rhan o'i bywyd hithau, ac yn effeithio ar ei barn a'i hysbryd. Ar ben hynny, bydd yr Eglwys yn creu ei diwylliant ei hunan. Gall hwnnw ymwneud ag allanolion, megis gwisg yr aelodau, ffurfioldeb neu anffurfioldeb y gymdeithas, natur a naws yr addoliad, a gall ymwneud ag agweddau meddwl ac ysbryd, megis byw iddi hi ei hunan, neu ymagweddu'n adeiladol tuag at gymdeithas.

Mae gan enwadau eu diwylliant. Yng Nghymru mae tuedd geidwadol-efengylaidd ymysg y Bedyddwyr, tuedd drefniadol ymhlith y Presbyteriaid, a thuedda'r Annibynwyr at - wel, at annibyniaeth, er gwell ac er gwaeth. Mae tuedd yn y rheiny i gyd at seicoleg gwrthblaid hefyd. Tuedda Anglicaniaid, ar y llaw arall, at arwahanrwydd eglwysig, ac mae ganddynt hwy fwy o seicoleg llywodraeth. Casgliadau personol yw'r rheina. Croeso i'r darllenydd eu cyfnewid, gan ychwanegu nodweddion diwyliannol Methodistiaid ac Undodiaid ac unrhyw garfan arall.

Mae gan garfanau Cristnogol mawr y byd eu diwyliannau hefyd. Oherwydd lle actau cyfarwydd yn eu litwrgi, a'u symbolau hollbresennol, a phwysigrwydd traddodiad iddynt, tuedda'r Eglwysi Uniongred (Eglwysi gwladol Rwsia a Groeg ac ati), a'r Eglwys Babyddol, at gatholigrwydd sefydliadol a cheidwadaeth gymdeithasol. Oherwydd y credai Martin Luther nad oedd eisiau gwrthod dim mewn Pabyddiaeth nad oedd y Beibl yn ei erbyn, ac y credai Calvin bod eisiau gwrthod popeth mewn Pabyddiaeth nad oedd y Beibl o'i blaid, mae Lwtheriaeth yn nes at Babyddiaeth mewn sawl ffordd nag yw'r Eglwys Ddiwygiedig - yr aden Brotestannaidd y daeth enwadau Anghydffurfiol Cymru allan ohoni. Yn ddiwinyddol, pwysleisia'r Eglwys Uniongred yr Atgyfodiad, pwysleisia Protestaniaid a Phabyddion y Groes, a phwysleisia Pentecostaliaid, sy'n cynyddu mwyaf ar draws y byd, arwyddion yr Ysbryd - brwdfrydedd, llefaru â thafodau, iacháu ac yn y blaen.

Effaith Cristnogion ar y Diwylliant o'u Cwmpas

Nid yn unig y mae Cristnogion yn perthyn i'r diwylliant o'u cwmpas, ac yn creu eu diwylliant mewnol eu hunain, gall eu diwylliant hwy gyfrannu hefyd at greu'r diwylliant o'u cwmpas - weithiau'n niweidiol! Ni fu hynny'n amlycach yn unman nag yng Ngogledd Iwerddon. Gan fod yr Eglwys Babyddol yn gwahardd defnyddio offer gwrthgenhedlu, tueddodd teuluoedd Pabyddol yno gynhyrchu llawer o blant. Arweiniai hynny at fesur o dlodi, a byw mewn tai rhent mewn rhesi, a gadael ysgol yn gynnar, a dosbarth gweithiol. Ond bu Protestaniaid yno'n rhydd i ddefnyddio offer gwrthgenhedlu, a arweiniodd at deuluoedd â llai o blant, ac felly mesur o gyfoeth, a pherchnogaeth tai *(semidetached!)*, a mwy o ddysg, a dosbarth canol. Creodd hyn oll ddau ddiwylliant cwbl wahanol a gyfrannodd at y sefyllfa ffrwydrol yn y diwylliant ehangach a gynhwysai'r ddau, a dwysawyd y gwahaniaethau drwy i'r Eglwys Babyddol gynnal ei hysgolion ei hun. Yr oedd elfennau eraill ar waith hefyd wrth gwrs, fel gwreiddiau cenedlaethol gwahanol, a dwy bleidlais i berchnogion tai fel y gallai lleiafrif Protestannaidd lywodraethu'n wleidyddol mewn cylch â mwyafrif o Babyddion ynddo.

Diwylliant Cristnogol yn dod yn Amlwg

Un man lle y gall yr elfen ddiwylliannol mewn Cristnogaeth ddod yn nodedig o glir, yw mewn cynadleddau Cristnogol rhyngenwadol a rhyngwladol. Yn Seithfed Gymanfa Cyngor Eglwysi'r Byd yn Canberra, Awstralia (1990), cafwyd anghydfod rhwng Cristnogion a dderbyniodd Gristnogaeth yn gymharol ddiweddar, a Christnogion o hen wledydd Cristnogol. Asgwrn y gynnen oedd i ddiwinydd ifanc Presbyteraidd o Corea draddodi darlith, ac wrth iddi wneud hynny, yn y cefndir yr oedd dawnswyr yn cynrychioli elfen bwysig yn ei diwylliant cenedlaethol hi, sef ysbrydion y meirw. Ond i rai offeiriaid o'r Eglwysi Uniongred yno, heresi oedd hyn. Cafodd cefndir y cyflwyniad fwy o sylw na'i gynnwys, ac aeth yn bwnc llosg yn y gynhadledd.

Man arall y daw'r elfen ddiwylliannol yn amlwg ynddo, yw sefyllfa genhadol. Bryd hynny gall dau gwestiwn wynebu Cristnogion. Un yw, i ba raddau y maent yn barod i gael eu newid. Un o fudiadau cenhadaeth gartref mwyaf cyffrous y ganrif ddiwethaf oedd yr offeiriad-weithwyr yn Ffrainc. Ym 1944, a'r Eglwys Babyddol wedi colli'r dosbarth gweithiol, danfonodd y Pab Pius XII offeiriaid i genhadu mewn ffatrïoedd, yn bennaf yn Ffrainc, ym Mharis a Lyons a Marseille yno, ond yn Belg a'r Eidal hefyd. Cysylltu â dynion na châi'r Eglwys gyfle i'w cyfarfod yn unman arall oedd y nod. Cynhaliai'r offeiriaid-weithwyr hyn grwpiau trafod a grwpiau astudio'r Beibl yn y lle gwaith, ond diosgodd rhai ohonynt eu gwisg offeiriadol, cymryd gwaith llawn mewn ffatri, ymuno ag undebau yno, ac ymladd dros hawliau'r gweithiwr. Gydag amser, cwynai perchnogion y ffatrïoedd fod yr offeiriaid-weithwyr yn cyfrannu at anniddigrwydd diwydiannol, a thynnodd Pius XII yr arbrawf i ben yn sydyn, er siom aruthrol i lawer. Wrth wneud hynny, onid amddiffyn diwylliant ei Eglwys a wnaeth Pius XII, gwrthod gadael iddi hi gael ei newid gan ganlyniadau ei chenhadaeth ei hun? Nid dyna ddiwedd y stori, oherwydd cynrychiolydd y Pab yn Ffrainc ar y pryd oedd gŵr a etholwyd yn Bab ei hun yn ddiweddarach, y gwerinwr Ioan XXIII, ac un o'r pethau a barodd iddo ef alw Yr Ail Gyngor Ecwmenaidd (1962 - 65) oedd arbrawf yr offeiriaid-weithwyr.

Y cwestiwn arall, a all wynebu Cristnogion mewn sefyllfa genhadol dramor, yw, pa faint o'r diwylliant brodorol y gallant ei dderbyn. I genhadon oes Victoria y cwestiynau ymarferol yn aml oedd rhai rhywiol. Mewn ambell le, er enghraifft, caed amlwreica. A ddylai pennaeth llwyth â chanddo bedair gwraig roi tair heibio cyn ei fedyddio? Beth am dynged y tair? Ac a ddylid fod wedi gorfodi Cristnogion newydd - fel y gwnaed yn Hawaii er enghraifft, yn ôl y llyfr o'r enw hwnnw gan James Michener - i wisgo dillad Ewropeaidd?

Cwestiwn o fath arall yw, i ba raddau y medr cenhadon tramor fynd i'r afael â dyfnder y diwylliant lleol. Yn wir, i ba raddau y dymunai rhai ohonynt fynd i'r afael â dyfnder y diwylliant lleol, ac y credent fod angen gwneud hynny wrth genhadu (yr un yw'r efengyl ymhobman fyddai safbwynt rhai.) Anastasia Somoza, Arlywydd Nicaragua (1967-79), oedd un o'r unbeniaethaid gwaethaf a welwyd erioed. Er bod cyfoeth y wlad yn ei ddwylo ef a'i deulu, hyd yn oed wedyn prynai waed y tlodion a'i werthu i wledydd eraill. Ond pan gynhaliai efengylwyr o America ymgyrchoedd yno, talai Somoza eu costau - am na feirniadent ef na chyflwr y wlad! Diau fod llu ymhlith tlodion gorthrymedig Nicaragua'n falch i glywed bod bywyd gwell y tu draw i'r byd hwn, ond beth feddyliai'r bobl yno a fynnai wella bywyd eu pobl yn y byd hwn, am y fath efengylu?

Peryglon Crefydd Ymerodrol

Cwestiwn arall eto yn y genhadaeth dramor yw pa bryd mae'r cenhadon yn gorfodi ar frodorion elfennau a berthyn, nid i'r efengyl, ond i'w diwylliant eglwysig neu genedlaethol hwy, fel bo'r efengyl yn mynd yn offeryn ymerodrol eglwysig neu genedlaethol. A ddylsai cenhadon y bedwaredd ganrif ar bymtheg orfodi Cristnogion yn Affrica i ymwrthod â'u henwau brodorol a chael eu bedyddio'n Samuel ac Abraham? Cawn newid enw wrth newid cyfeiriad bywyd yn y Beibl. Trôdd Sarai yn Sara, Abram yn Abraham, a Saul yn Paul. Ond newidiadau bychain oedd y rheiny, y tu mewn i'r un iaith. A ddylid, yn enw'r efengyl, wasgu ar bobl i ymwrthod â'u henwau brodorol a derbyn rhai cwbl newydd, hyd yn oed o'r diwylliant Beiblaidd?

　　Cwyd cwestiynau mwy arwyddocaol a chyfoes na hynny. Mewn erthygl i gylchgrawn cenhadol yn ddiweddar, tynnodd arweinydd Cristnogol Affricanaidd sylw at y ffaith bod cenadaethau o Ewrop a'r Unol Daleithiau heddiw'n lledaenu syniadau democrataidd yn ogystal â'r efengyl, gan gymryd yn ganiataol mai democratiaeth yw'r unig opsiwn gwleidyddol Cristnogol. Amheuai ef a yw hynny'n wir, a chredai y dylai cenhadon adael i'r brodorion weithio allan ganlyniadau gwleidyddol eu ffydd yn eu gwlad eu hunain. (Mae'r gwaith cenhadol tramor yn dibynnu fwyfwy ar Gristnogion brodorol a'u harweinwyr eu hunain erbyn heddiw, wrth gwrs.)

Canlyniadau Cymysgu Efengyl a Diwylliant

Gall canlyniadau cymysgu efengyl a diwylliant yn ein gwlad ni ein hunain fod yn anffodus, ac mae'n werth nodi enghreifftiau o hynny.

1. Cyfystyru materion di-bwys â'r efengyl. Soniodd Iesu am ofidio dros lendid seremonïol, megis golchi y tu mewn i gwpan, yn lle gofidio am lendid y galon, a soniodd am y gred bod dyn yn bod er mwyn y Saboth, yn lle'r Saboth yn bod er mwyn dyn. Pan oeddwn yn ifanc, ac yn gweithio yng Nghaerdydd, euthum i gartref ffrind wedi'r cwrdd bore un Sul. Yno, yntau wedi bod yn y cwrdd, yr oedd ei dad, yn pori mewn papur Sul. Cofiaf ddadl yn y Cwrdd Diwylliadol yn ein capel ni gartref ar y testun 'Beth sydd waethaf, darllen papur Sul a ysgrifennwyd ar y Sadwrn, neu bapur Llun a ysgrifennwyd ar y Sul?' Ni allai neb ein cyhuddo ni yn Berea, Bynea o beidio â phlymio i ddyfnderau bywyd! Ond prin y prynai aelod o'n capel ni bapur Sul, a phe gwnâi byddai digon o gydwybod ganddo i'w guddio. Eto, anodd oedd ystyried Tom Prosser, tad fy ffrind, yn bagan.

2. Cael siom di-angen. Bydd rhywbeth a gredwn sy'n rhan o'r efengyl, yn diflannu, a digalonnwn, pan mai elfen ddiwylliannol yn unig sy'n darfod. Cofiaf ambell weinidog dro'n ôl yn credu bod y byd Cristnogol yng Nghymru'n mynd â'i ben iddo am fod capeli'n diddymu oedfaon prynhawn a nos. Ni wyddent gynifer o eglwysi da mewn mannau eraill a gynhaliai oedfa'r bore'n unig, a bod diddymu un oedfa yn agor y ffordd i weithgarwch gwahanol yn y prynhawn a'r nos, megis grwpiau mewn tai.

3. Ymladd brwydrau ofer. Ganol y ganrif ddiwethaf, yn y cwm y'm ganed i ynddo, dechreuodd cwmni opera lleol ymarfer ar nos Sul, wedi amser cwrdd. Beirniadwyd hynny'n gryf gan y gweinidogion lleol i gyd. Perthynai rhai o swyddogion ac aelodau'r cwmni opera i'w heglwysi. Gadawodd ambell un o'r

rheiny ei eglwys, a bu'r frwydr yn *cause celebre* am amser yn y papurau. Pwy a gred nawr fod y frwydr honno'n werth ei hymladd hyd yn oed bryd hynny? Bydd brwydrau ofer yn dangos nad ydym ar ei gwar hi, gallant ddwyn amser ac egni oddi wrth frwydrau pwysig, a gallant ein niweidio yng ngolwg pobl o'r tu allan a all fod yn fwy synhwyrol na ni weithiau.

4. Mynd yn ysglyfaeth i ddynion gwael. Dywedir mai George W. Bush yw Arlywydd gwaetha'r Unol Daleithiau erioed. Ond craidd ei gefnogaeth oedd Cristnogion o'r aden dde grefyddol a gwleidyddol a'i cefnogai ef am ei fod yn Gristion. Ond ystyrient ef yn Gristion, nid am ei fod yn caru ei elynion, neu am iddo dreulio amser yn brwydro dros yr anghenus, ond am iddo honni ei fod wedi ei aileni, ei fod yn credu'r Beibl air am air, ei fod yn erbyn erthyliad, ac yn y blaen, sef agenda un diwylliant Cristnogol arbennig.

5. Gwahanu carfannau Cristnogol. Yn nyddiau cynnar y trafod ar undod eglwysig, bathwyd yr ymadrodd 'non-theological factors' i ddisgrifio elfennau yn eu diwylliannau eglwysig a gadwai enwadau ar wahân. Beth bynnag oedd diffygion y ddogfen 'Y Ffordd Ymlaen' a gymeradwyd i rai o eglwysi Anghydffurfiol Cymru dro'n ôl, bu'r drafodaeth ohoni'n sâl iawn, iawn, a rhan o hynny oedd methiant i gydnabod yr elfennau diwylliannol yn y broses.

6. Gwahanu'r Eglwys oddi wrth rai o oreuon meddyliol ei diwylliant. Ddechrau'r ail ganrif ar bymtheg, credai'r Eglwys fod yr haul yn troi o gwmpas y ddaear. Dyna sut y deallai hi hanes y Creu ym mhenodau cyntaf y Beibl. Felly ym 1633, pan gadarnhaodd yr astronomydd Galileo ddamcaniaeth Copernicws mai'r ddaear oedd yn troi o gwmpas yr haul, dyfarnodd y Chwilys ef yn heretic, gorfodwyd ef i dynnu ei osodiad yn ôl, a chondemniwyd ef i garchar. Wrth weld yr Eglwys yn camdrin dyn deallus, ac yn dibrisio gwybodaeth newydd, cafodd y diwylliant gwyddonol, a'r diwylliant dysgedig ehangach, siom aruthrol yn yr Eglwys. Mae'r digwyddiad hwnnw yng nghylla rhai o feirniaid deallusol yr Eglwys o hyd, a bydd cyfeiriadau

ato'n brigo yng ngweithiau'r don gyfoes o anffyddwyr pan gondemniant yr Eglwys.

7. Caethiwo'r efengyl. Yn y Rhagymadrodd i'w lyfr 'God's Empathy', dywed Edward Farley fod tair elfen nas ceir yn ei lyfr:

(a) Apêl at destunau awdurdodol. Eisiau mynd y tu ôl i ysgrythurau a chredoau y mae ef, a gofyn sut yr ymddangosodd Duw i'w hawduron fel ag i beri iddynt ysgrifennu fel y gwnaethant.

(b) Darlun cyfreithiol o Dduw fel barnwr na all beidio â bod yn gyfiawn, ac sydd felly'n gorfod mynnu bod rhaid i rywun dalu am droseddau dynol.

(c) Darlun cosmolegol oes a fu o'n daearen ni fel canolbwynt gweithgarwch graslon Duw, cyn i Iesu ddychwelyd ac i'n daear ni - a'r holl greadigaeth? - ddirwyn i ben.

Edrychodd Cristnogion y gorffennol ar gariad Duw drwy sbectol y tri phwyslais hyn, medd Farley, ond iddo ef, cyfryngau meddyliol diwylliannol a wasanaethodd eu cyfnod ydynt, ac sydd nawr yn cyfyngu ar ein gallu i ddirnad hyd a lled a dyfnder 'empathy' Duw.

Y Tensiwn rhwng Diwylliant a Christnogaeth

Yn ei lyfr 'A Spirituality for the Long Haul', cymharodd Robert Bilheimer, cyn is-ysgrifennydd Cyngor Eglwysi'r Byd, ddwy agwedd sylfaenol at berthynas Cristnogaeth a diwylliant. Gwnaeth hynny drwy ddefnyddio dwy araith wleidyddol a draddodwyd yn yr Unol Daleithiau yn y bedwaredd ganrif ar bymtheg, un gan ddyn dylanwadol yno ar y pryd, Josiah Strong, ysgrifennydd y Cynghrair Efengylaidd, a'r llall gan yr Arlywydd Abraham Lincoln, ar ganol y rhyfel cartref yno.

Geiriau Strong:

"Ymddengys i mi, bod Duw, â doethineb a gallu diderfyn, yn paratoi'r hil Eingl-Sacsonaidd ar gyfer awr sy'n siŵr o ddod. Yna bydd yr hil hon, â'i hegni dihafal, a holl urddas niferoedd a grym cyfoeth y tu ôl iddi - cynrychiolydd y rhyddid pennaf, y Gristnogaeth buraf, y gwareiddiad uchaf - wedi datblygu nodweddion beiddgar, cymwys i argraffu ei sefydliadau ar ddynoliaeth, ac i ymestyn ei hunan ar draws y ddaear."

Geiriau Lincoln:

"Gweddïwn yn daer yr aiff y ffrewyll ofnadwy o ryfel heibio'n fuan. Ond os ewyllysia Duw iddo barhau nes i'r cyfoeth a gronnwyd gan dros ddau can mlynedd o lafur di-dâl y caethwas gael ei golli, a hyd nes y telir pob diferyn o waed a dynnwyd gan y chwip ag un arall a dynnwyd gan y cleddyf, rhaid dal i ddweud, fel y dywedwyd dair mil o flynyddoedd yn ôl, 'Mae barnedigaethau yr Arglwydd yn wir a chyfiawn.'"

Tyn Bilheimer sylw at y ffaith bod ffydd Strong yn Nuw a'i ffydd yn y diwylliant Americanaidd yn gorwedd ochr yn ochr, heb i'r naill feirniadu'r llall. Ond mae tensiwn annioddefol bron, meddai, rhwng Lincoln y gwladgarwr balch, a'r Lincoln a ddaeth i weld y rhyfel cartref ofnadwy fel profi gan Dduw o amcanion y genedl.

Casgliad

Ni ddylai'r Eglwys fynd allan o'i ffordd i chwilio am densiynau rhyngddi a'i diwylliant, ond bydd tensiynau felly'n bod bob amser, a galwad yr Eglwys yw gwahaniaethu rhwng y tensiynau diwylliannol a'r tensiynau sy'n ymwneud â hanfod yr efengyl. Dyna yw proffwydo heddiw, gwahaniaethu rhwng y diwylliannol a'r hyn a berthyn i'r efengyl. Pan na all Cristnogion dynnu'r gwahaniaeth hwnnw, peidiant â bod yn halen i'r ddaear. Byddant yn ddi-flas i'w cymdeithas.

Cristnogaeth a Chelfyddyd

 perthynas Cristnogaeth a chelfyddyd yn ôl bron at
ddechreuad yr Eglwys. Daeth archaeolegwr o hyd i lun ar wal
hen eglwys ym Megiddo yn Israel y gellir ei ddyddio tua 70 O.C.
Mae cerfluniau ar eirch cerrig Cristnogion hefyd sy'n mynd yn ôl
at ddechrau'r ail ganrif, a chafwyd lluniau diweddarach ar
waliau'r mynwentydd tanddaearol yn Rhufain lle'r addolai
Cristnogion pan oedd Cristnogaeth yn anghyfreithlon. Wedi i'r
Ymherawdr Cystennin ei chyfreithloni ddechrau'r bedwaredd
ganrif, codai Cristnogion addoldai, a chaed mwy o luniau a
cherfluniau wedyn.

Yn dilyn concro Rhufain gan lwythau Almaenig yn 400 O.C., a
chwalu'r Ymerodraeth, dibynnai celfyddyd Gristnogol Ewrop ar
fynachlogydd. Gwaith mynachod tua 800 O.C. yw 'The Book of
Kells', y llawysgrif addurnedig odidog yn cynnwys yr Efengylau
(a thestunau eraill), sydd nawr yng Ngholeg y Drindod yn Nulyn,
ond a ddaeth o Abaty Kells. Gydag amser casglodd Eglwys
Babyddol y Canol Oesoedd gyfoeth, a defnyddiodd lawer ohono
i gomisiynu lluniau a cherfluniau, rhai gan artistiaid mawr fel
Leonardo da Vinci a Michael Angelo. Erbyn diwedd y Canol
Oesoedd daethai barddoniaeth, miwsig, pensaernïaeth a drama,
yn rhan o fywyd yr Eglwys, er na chydnabyddodd haneswyr
eglwysig arwyddocâd hynny'n llawn. Ond yn yr unfed ganrif ar
bymtheg, gyda'r Diwygiad Protestannaidd, daeth tro ar fyd.

Celfyddyd a'r Diwygiad Protestannaidd

Yr oedd amrywiaeth barn ymysg arweinwyr mawr y Diwygiad Protestannaidd ynghylch perthynas Cristnogaeth a chelfyddyd. Yn Zurich, yn y Swisdir, amheuai Zwingli, ar yr aden chwith, werth unrhyw gelfyddyd i Gristnogaeth (er iddo ef ei hun fedru chware chwech offeryn), ond bodlonai ar ffenestri lliw mewn eglwys, a goddefai luniau mewn defosiwn a chyfarwyddyd mewn tai. Yn yr Almaen dadleuai Luther y gallai'r celfyddydau fod yn fodd i ogoneddu Duw ac y gellid rhoi lle iddynt yn adeiladau a litwrgi'r Eglwys. Mynnodd fod delweddau gweledig yn gyfrwng gras. Ni allaf glywed am Grist meddai, heb i lun o ddyn yn hongian ar groes ymffurfio yn fy nghalon, ac os yw'n dda cael llun o Grist yn fy nghalon, pam y dylai fod yn bechod ei gael yn fy llygaid? (Bu ffenestr liw mewn eglwys yn elfen yn ei ddeffroad crefyddol ef.)

Credai Calfin yn Genefa y gallai celfyddyd weledol gyflwyno straeon Beiblaidd, a grymuso moesau, drwy ddysgu a rhybuddio. Cyhyd â bod Duw'n cael ei ogoneddu a'r gwylwyr yn cael eu goleuo, derbyniai fod elfennau cadarnhaol mewn cerfluniaeth ac arluniaeth. Gellid dadlau felly bod Cristnogaeth Ddiwygiedig Genefa - ffynhonnell Anghydffurfiaeth Cymru - wedi rhoi lle i'r celfyddydau mewn egwyddor ar y dechrau.

Eithr goddef mesur o gelfyddyd wnâi'r diwygwyr mawr, nid ei hybu. Ond i'w dilynwyr, yr oedd gwrthbabyddiaeth yn drech na goddefgarwch. Credent fod addoli Pabyddol y Canol Oesoedd wedi cynnwys cyfryngau gweledol ofergoelus, eilunaddolgar, a hudai feddwl addolwyr oddi wrth y Creawdwr anweledig a throsgynnol, at greadigaethau materol, synhwyrus o waith llaw dyn. Iddynt hwy dylai addoli gyfeirio sylw'r addolwr yn fewnol at ei enaid, drwy gyflyru ei glustiau i glywed geiriau'r Ysgrythur a phregethiad yr Efengyl. Felly y goleuai Gair Duw y meddwl, drwy wirionedd ysbrydol, a dyfynnai diwinyddion Ioan 4: 23-34 i ategu hynny. Golygai hynny ymwrthod â ffurfiau allanol wrth addoli - pensaernïaeth, lifrau litwrgïaidd, ffenestri lliw, cerfluniau, canhwyllau, arogldarth. Mewn adwaith yn erbyn elfennau Pabyddol, yn enwedig y dwyfoli o Mair mam Iesu, a'r sylw a roddid i 'seintiau', dinistriodd Protestaniaid lu o gerfluniau, ac mae corneli gwag mewn eglwysi ar draws Ewrop i'n hatgoffa o ffigurau y neilltuwyd hwynt ar eu cyfer.

Erbyn heddiw, mae'r gwrth-Babyddiaeth a lywiodd ymateb Cristnogion Protestannaidd i gelfyddyd mewn addoliad, wedi peidio. Er bod anawsterau rhwng celfyddyd a Christnogaeth ni ellir eu hysgaru. Mewn rhai gwledydd nawr, astudir y berthynas rhyngddynt mewn colegau diwinyddol, ysgrifennir amdani mewn cylchgronau, fe'i trafodir mewn cynadleddau, a chynyddu mae'r proses hwn. Daethpwyd yn fwy ymwybodol o gymwynasau celfyddyd i Gristnogaeth. Dyma rai.

Cymwynasau Celfyddyd i Gristnogaeth

1. Gall arddangos hanes ein ffydd. Yn y Canol Oesoedd, y byd nesaf oedd yn bwysig, nid y byd hwn. O ganlyniad darluniai artistiaid y cyfnod hwnnw Iesu fel ffigwr y tu hwnt i hanes sy'n llywodraethu dros fywyd i gyd. Hyd yn oed wrth ei ddarlunio'n faban, darlunient ef fel oedolyn bychan, ac er ei roi ar lin Mair, anwybydda ei fam, nid oes arno ei hangen hi. Ond gyda'r Dadeni, daeth pwyslais ar y byd hwn, ac felly ar ddyndod Iesu. Darluniwyd y baban Iesu wedyn fel plentyn tew, bochgoch, yn eistedd ar lin ei fam, gan droi ati a chael ei anwylo ganddi. Yn y gwahaniaeth rhwng y lluniau o'r baban Iesu, dengys celfyddyd ychydig o hanes mewnol Cristnogaeth.

2. Gall godi cwestiynau. Rhaid i artist, wrth ddarlunio Iesu er enghraifft, wynebu cwestiynau y gall pregethwr eu hosgoi, megis pa mor dal oedd ef, pa hyd oedd ei wallt, sut wynepryd oedd ganddo, ai dyn main gosgeiddig oedd neu un sgwâr, cyhyrog. Weithiau rhaid i artist ymwneud â phwynt diwinyddol yn ei gylch. Pan greodd Michael Angelo gerflun o'r Iesu Atgyfodedig, sut y dylai ei ddarlunio? Disgrifid yr Iesu Atgyfodedig fel Adda'r Ail, ond i Adda cyn y Cwymp yr oedd ef yn ail, a'r pryd hwnnw yr oedd Adda'n noeth, ac ni wyddai hynny. Wedi'r Cwymp y sylweddolodd ei fod yn noeth, ac y cuddiodd ei noethni. Felly

Iesu Atgyfodedig noeth a luniodd Michael Angelo. Cafodd ei gerflun ei efelychu droeon, ond cuddiwyd rhan rywiol ei gorff yn y rheiny i gyd. Yn ei ddrama 'Iesu!', cododd Aled Jones Williams gwestiwn nes at yr asgwrn wrth ddarlunio Iesu'n wraig ifanc. (Ai mab Duw ai plentyn Duw oedd Iesu'n gyntaf oll?)

Ni raid i bregethwr ddewis goslef llais i Iesu chwaith, na phenderfynu a siaradai'n bwyllog, neu'n gyflym, ond rhaid i gynhyrchydd drama yn ei gylch wneud hynny. Y tro cyntaf y darlledwyd drama Dorothy L. Sayers 'The Man Born to Be King', bu trafod a ddylid rhoi llais iddo o gwbl. Ond bu ei drama hi ar y radio'n help aruthrol i mi'n fachgen ysgol i ddeall, am y tro cyntaf, mai cymeriadau o gig a gwaed oedd Iesu a'r disgyblion. Rhoddwyd llais iddo'n aml ers hynny, mewn ffilmiau'n arbennig, a llais melfedaidd a ddefnyddid bob amser, nid un siarp, brysiog er enghraifft - ac eithrio drama deledu Dennis Potter, 'Son of Man', a achubodd fi rhag delweddau Hollywood o Iesu.

3. Gall oleuo'n cyfnod i ni. Yn ôl y diwinydd Paul Tillich (1886-1965), crefydd yw'r gogwydd dynol tuag at y dwyfol sy'n rhoi ystyr i'r byd daearol, diwylliant yw'r gweithio allan o'r ystyr hwnnw mewn gwerthoedd a phatrymau byw rhyw gyfnod a lle, a chelfyddyd yw'r mynegiant gweledol o'r ystyr. I Tillich, celfyddyd felly yw'r arwydd cliriaf o gyflwr cyfnod, gan gynnwys ei gyflwr crefyddol. Iddo ef, dylai celfyddyd fod o gonsyrn arbennig i'r diwinydd sydd eisiau deall cyfanrwydd ystyr ei gyfnod.

Paentiwr sy'n ymgorffori safbwynt Tillich yw Wassily Kandinsky (1866-1944), Rwsiad a fu fyw yn yr Almaen, ac a fu farw yn Ffrainc. Kandinksy gychwynnodd y mudiad celfyddydol haniaethol a ymledodd dros Ewrop ac America ddechrau'r ugeinfed ganrif. Ysgrifennodd lyfr, 'On the Spiritual in Art', yn esbonio sut y gwelai'r puro o gelfyddyd oddi wrth fyd gwrthrychau - ac eithrio ambell awgrym i arwain gwylwyr i mewn i'r llun - fel math ar ysbrydolrwydd.

Mewn erthygl yn 'Arts', cylchgrawn sy'n ymdrin â'r

celfyddydau a chrefydd, olrheinia Mikhail Sergeev, ysgolhaig o Rwsia, gysylltiad rhwng datblygiad cynnar celfyddyd haniaethol Kandinsky, a gwirioneddau hanesyddol yr ugeinfed ganrif. Ar drothwy'r Rhyfel Byd cyntaf, a'r Chwyldro yn Rwsia, mynegai Kandinsky ei weledigaeth o gyflwr y byd mewn dull na ellid braidd adnabod y ffurfiau ynddo, drwy'r syniad Beiblaidd am farn Duw, sy'n ymagor yn yr hanesion am Adda ac Efa, ac Arch Noah, ac yn mynd ymlaen at eiconau apocalyptaidd megis marchogion Datguddiad 6.

Yn ôl Sergeev, rhagwelai Kandinsky ym mêr ei esgyrn y trychinebau a oedd ar ddod, a gwireddwyd ei weledigaeth yn y gulag ac Auschwitz, y Rhyfeloedd Byd a chwyldroadau. Onid celfyddyd haniaethol, gofynna Sergeev, oedd y dull mwyaf real i fynegi cyflwr ysbrydol cyfnod pan oedd pobl, wedi eu dal yng nghanol arswydau, yn methu â gwneud synnwyr naill ai o'u bywydau na'r byd o'u hamgylch? Torrodd Kandinsky gyswllt â mil o flynyddoedd o draddodiad celfyddyd y Gorllewin. Fe'i trawsnewidiodd o fod yn gynrychiadol i fod yn anghynrychiadol. Ond oherwydd iddi gynnig dihangfa yn nerth gwaredigol 'cysylltiadau pur', daeth y ffurf hon ar gelfyddyd, er ei natur elitaidd, yn brif symbol mynegiant celfyddydol yr ugeinfed ganrif.

Perthynai Kandinsky i'r Eglwys Uniongred, a defnyddiai ddelweddau Beiblaidd. Ond gellid dweud rhywbeth am gyflwr y byd drwy gelfyddyd nad yw'n uniongyrchol grefyddol. Ym 1937 bomiodd yr Almaen dref yng ngwlad y Basgiaid yng Ngogledd Sbaen, gan ladd, yn fwriadol, nid milwyr, ond dinasyddion. Ni welsai'r byd y fath farbareiddiwch. Ar y pryd yr oedd Picasso yn yr Arddangosfa Byd ym Mharis. Ymhen deuddydd dechreuodd weithio ei ymateb ar bared pabell Sbaen yno, mewn llun llwydaidd a ddefnyddiai dechnegau haniaethol i fynegi ei ddicter at y newyddbeth arswydus hwn yn hanes dynoliaeth. 'Guernica', enw'r dref a fomiwyd, yw un o luniau enwocaf Picasso bellach.

4. Gall groesi ambell agendor, megis yr un hen a dwfn rhwng y traddodiad synagogaidd syml, diaddurn, a'i bwyslais ar 'Y Gair',

a'r traddodiad temlaidd, sacramentaidd a'i ddelweddau. Yn ôl erthygl ar *Visual Culture* yn yr *Encyclopaedia Wales*, ers tro bu'r berthynas rhwng gair a delwedd yn thema mewn paentio yng Nghymru, fel yng ngwaith Mary Lloyd Jones (g.1934). Ond dewisodd mynachod Sant Ioan, mynachlog Fenedictaidd fwya'r byd, ym Minnesota yn yr Unol Daleithiau, ddathlu'r Mileniwm Newydd drwy gomisiynu'r copi ysgrifenedig cyntaf o'r Beibl ers y Diwygiad Protestannaidd, gwaith a fyddai'n 'goleuo Gair Duw yn gelfyddydol ar gyfer mileniwm newydd'. Pan orffennir y gwaith eleni, bydd 'Beibl Sant Ioan' yn saith cyfrol, pob un yn ddwy droedfedd o uchder a thair ar draws, wedi eu hysgrifennu mewn caligraffeg ar femrwn, â phinnau o blu, a chan ddefnyddio inc a wnaed yn ôl hen fformiwla. Mae'n cael ei 'oleuo' gan luniau planhigion a chreaduriaid ac adeiladau a phobl o wlad yr addewid ac o Minnesota, a gwnaed y cyfan gan dîm dan arweiniad caligraffwr y frenhines Elisabeth, Donald Jackson. Oherwydd mai yn ei *scriptorium* ef yn Sir Fynwy yr ysgrifennwyd rhannau helaeth o'r cyfrolau, caiff bob un gloriau pren o dderw Cymru!

5. Gall gyffwrdd â dyfnderoedd ynom na all deall noeth mo'u cyrraedd. Gall wneud poen a thristwch a drygioni, er enghraifft, yn fwy ingol i ni. Yng Nghynhadledd Cyngor Eglwysi'r Byd yn Nairobi ym 1975, gofynnodd stiward yno i mi un hwyrnos am fy help i symud rhywbeth. Bodlonais. Ond y 'rhywbeth' oedd cerflun metel o ddyn yn cael ei boenydio. Gwallt dryslyd, wyneb mewn gwewyr, llygaid wedi suddo yn y pen, gwefusau wedi chwyddo, bylchau yn y dannedd. Yr oedd ei gorff fel sgerbwd, ei ddwylo wedi eu clymu y tu cefn iddo, a phwysai ymlaen gan eistedd ar ei sodlau. Clywswn am boenydio, ond ni wyddwn y peth lleiaf am yr hyn a olygai tan i mi weld y cerflun hwnnw. Mae llun o'r cerflun, *'The Tortured Christ'*, 1975, gan Guido Rocha o Brasil, a boenydiwyd ei hun, ar t.16 yn llyfr Elfed ap Nefydd Roberts 'Crist Ddoe, Heddiw, ac am Byth'.

6. Gall wneud ysfa'r ysbryd dynol am wrthsefyll pwerau negyddol bywyd, hyd yn oed 'na' angau, yn angerdd gwefreiddiol. Yn angladd Ian Pascoe, glöwr deunaw oed y

disgynnodd carreg enfawr yn araf, araf arno a thorri ei asgwrn cefn tra oedd ar ei orwedd mewn ffâs isel, safwn yn y pulpud yng Nghapel yr Onllwyn o flaen llond galeri o lowyr yn tynnu'r oedfa i ben drwy ganu 'O fryniau Caersalem....' Rhwng y metaffor a'i hanes, y datblygiad gofalus ohono, tôn a oedd yn fwy o groen i'r emyn na maneg iddo, a dynion nad aent i gapel mwyach yn tynnu ar ddisgyblaethau a ddysgwyd ganddynt mewn ysgol gân ac ymarfer côr, trowyd tristwch y digwyddiad yn 'ie' cymunedol buddugoliaethus.

7. Gall godi cwestiynau meddyliol hefyd, megis perthynas dyn fel creawdwr â Duw y Creawdwr, perthynas harddwch â moesoldeb a'r santaidd, lle'r dychymyg yn y bywyd Cristnogol, a natur gwirionedd. Ond cymwynas orau celfyddyd i Gristnogaeth, ac i bob crefydd o ran hynny, yw cynnig ffyrdd i ni o ymdrin â chrefydd sy'n llwyrach na dadansoddi, ymddadlau, a gwneud gosodiadau, er pwysiced y rheiny.

Amos Wilder

Americanwr a fu fyw drwy'r ugeinfed ganrif bron (1895 - 1993) oedd Amos Wilder. Mae'n werth nodi rhai ffeithiau amdano - brawd y nofelydd Thornton Wilder, gyrrwr ambiwlans yn y Rhyfel Byd Cyntaf, enillydd y *Croix de Guerre*, chwaraewr yn Wimbledon, myfyriwr yn Ffrainc, Brwsel, Mansfield, Iâl, a Harvard, ysgrifennydd Albert Schweitzer am dro, gweinidog Annibynnol, Athro Testament Newydd yn Andover-Newton, Chicago, a Harvard, awdur 35 o lyfrau - a bardd! Fe hefyd oedd awdur y clasur, *'Early Christian Rhetoric'*. Yn hwnnw, cychwynnodd agwedd newydd at y Testament Newydd. Yn lle dilyn y dull hanesyddol/beirniadol mewn bri ar y pryd, pwysleisiodd y patrymau llafar ynddo, natur amlweddog ei iaith, ei gelfyddyd llenyddol, a lle'r dychymyg yn ei weledigaeth. Heb Wilder efallai na chaem Brueggemann yn sôn heddiw am *'artistry'* y Beibl,

Tensiynau Rhwng Celfyddyd a Christnogaeth

Gall y berthynas rhwng Cristnogaeth a chelfyddyd fod yn anodd weithiau. Deuai hynny i'r golwg yn ffenomenon 'y cythraul canu' mewn capeli. Nid y soprano a eisteddai yn y canol ar ffrynt y galeri oedd o raid yr aelod mwyaf graslon o gôr y capel! Nid yw gweithiau celfyddydol gwych wedi ennill eu lle bob amser yn y bywyd eglwysig chwaith - bu peth anghytundeb ynghylch priodoldeb cerflun Epstein yn Eglwys Gadeiriol Llandaf pan roddwyd ef yno gyntaf. Rhaid i'r Eglwys ddiffinio ei hunan, fel pob cymdeithas arall, ac un ffordd o wneud hynny yw drwy'r hyn y dywed 'na' iddo. Ysgrifennodd Frank Burch Brown, Athro mewn Crefydd a Chelfyddyd yn Indiana, lyfr yn dwyn y teitl pryfoclyd, '*Good Taste, Bad Taste, and Christian Taste*'.

Drwy'r arlliw diwylliannol cyfoes a roddant ar eu gwaith, gall artistiaid hefyd drosglwyddo etifeddiaeth ag iddi agweddau negyddol yn ddiweddarach. Soniais eisoes am ddarlunio Duw fel henwr, a Iesu fel Gorllewinwr. A beth am y defnydd o ddraddodiadau camarweiniol - fel yr un bod gan angylion adenydd. Nid oes gan angylion Beiblaidd adenydd. Benthyciad yn y bedwaredd ganrif o draddodiad Persiaidd yw adenydd angylaidd. Yn y Beibl mae adenydd gan geriwbiaid a seraffiaid, ond nid gan angylion, sef negesyddion oddi wrth Dduw. Bu rhoi adenydd i angylion yn gyfleus i artistiaid (a seiri cerrig beddau), ond gwnaeth hynny angel yn ffenomenon amhosibl i'r 'dyn modern' gredu ynddo, a chuddiodd y traddodiad Beiblaidd cyfoethog am bobl a fu yng nghwmni angylion heb wybod hynny tan wedi i'r angylion ymadael.

Offer Eglwysig ac Adeiladau

Boed hynny fel y bo, wedi cyfnod cymharol hesb mae dylanwad celfyddyd ar Gristnogaeth ar gynnydd. Un wedd arno heddiw yw'r defnydd o elfennau ac arddull cyfoes wrth lunio offer addoli, megis platiau casglu, a llestri cymun. Mewn rhai eglwysi y defnyddia eu gweinidogion wisgoedd defodol wrth arwain addoliad, daeth menywod â rhagor o liwiau llachar a symboliaeth trawiadol ar eu *stola*. Mae ffenestri lliw yn ennill eu plwyf mewn capeli Anghydffurfiol, ac mae ambell gerflun mwy trawiadol na'i gilydd yn rhan o'r *scenario* Anghydffurfiol nawr hefyd. Mae copi o *'Christ in Majesty'* Epstein ar oriel eglwys Fedyddiedig/ Gynulleidfaol enwog Riverside yn Efrog Newydd - rhodd gan weddw Epstein.

Ceir adeiladau eglwysig cyfoes nodedig. Dyna Eglwys Gadeiriol Anglicanaidd Coventry a godwyd ar sail yr un a fomiwyd yn yr Ail Ryfel Byd, a dyna'r un Babyddol yn Lerpwl. Mae adeiladau eglwysig yn ddatganiadau diwinyddol. Adlewyrcha cysgodion mewnol hen eglwysi cadeiriol y Gorllewin bwyslais Cristnogaeth y Gorllewin ar dristwch y Groes, ac adlewyrcha ysgafnder eglwysi Uniongred y Dwyrain eu pwyslais hwy ar lawenydd yr Atgyfodiad. Mae coleg diwinyddol ym Minneapolis yn yr Unol Daleithiau, sy'n cynnwys myfyrwyr o bob enwad, newydd godi gwyrth o gapel at ei wasanaeth. Y pensaer wedi creu *'common sacred space'* ys dywed hi - ar ôl gwrando ar y myfyrwyr a'r athrawon. Mae'r adeilad yn wead o bwysleisiau a thraddodiadau eglwysig gwahanol (heb i'r un ohonynt fod yn or-ymwthiol), at wasanaeth dulliau hen a newydd, ffurfiol ac anffurfiol, o addoli. Drwy hynny mynegodd y pensaer neges ynghylch ffyddlondeb i'r gorffennol, a bod yn agored i'r dyfodol, a chyd-ddyheu. Prin y gellir gorbwysleisio dylanwad y fath negeseuon parhaol a chyhoeddus.

Celfyddyd ac Ymneilltuwyr Cymru

Yn y cwm glofaol y'm ganed i ynddo ddechrau tridegau'r ganrif ddiwethaf, yr oedd bywyd trwch y boblogaeth yn galed a thlawd a llwyd, heb fawr o le ynddo i gelfyddyd. Yr unig waith artistig yn ein tŷ ni oedd copïau o ddau o weithiau Jean-Francois Millet (1814-1875), yr *'Angelus,'* llun o ŵr a gwraig yn gweithio mewn cae, ond yn ymateb i alwad cloch eglwys yn y pellter drwy blygu pen i offrymu'r hwyrweddi (yr *Angelus*), a *'Y Lloffwyr'*, llun o dair gwraig yn casglu lloffion mewn cae. Ond yr oedd y ddau lun yn yr un ffrâm fawr, a drych rhyngddynt. Fframwaith i'r drych oedd y lluniau i ni. Ni chlywais fy rhieni'n dweud gair am na'r paentiwr na'i luniau erioed. Tybiaf mai anrheg priodas iddynt oedd y 'triptych' hwn. Ni allaf ddychmygu amdanynt yn gwario arian prin ar y fath addurn, er bod rhan ymarferol iddo.

Nid cyd-ddigwyddiad byth oedd mai lluniau o bobl wrth eu gwaith, gan artist â thueddiadau sosialaidd, oedd yr unig weithiau celfyddydol yng nghartref glöwr bryd hynny. Siawns nad oedd copïau o'r union luniau yna felly mewn cartrefi eraill yn ein cwm ni, heb sôn am gymoedd o'n cwmpas. Pwy bynnag neu beth bynnag fyddai y tu ôl i'r fath ffenomenon, mae'n siŵr nad 'l'art pour l'art,' chwedl Gautier, fyddai'r cymhelliad, ond sêl wleidyddol. Ei 'neges' fyddai unig werth posibl unrhyw lun i 'nhad beth bynnag. Ni ddeallai ef lun heb wers ynddo.

Nid y traddodiad temlaidd, pensaernïol, offeiriadol, defodol, ffenestri-lliw, banerog, gweledol, synhwyrus a lywiai fy amgylchfyd Cristnogol i'n ifanc chwaith, ond y traddodiad Anghydffurfiol, synagogaidd, syml, clir, plaen, geiriol, addysgol. Yr oedd y ffaith bod y traddodiad temlaidd yn cynrychioli Anglicaniaeth/Pabyddiaeth yn ddigon o reswm i Anghydffurfwyr ymwrthod â'i holl nodweddion.

Mynnai'r Ymneilltuwyr cynnar awdurdod Beiblaidd i bob peth. Yr oedd awdurdod Beiblaidd dros 'eiriau': 'Gair' Duw oedd y Beibl, 'Gair yr Arglwydd' a gyflwynodd y proffwydi, y Gair yn gnawd oedd Iesu, a phregethiad y 'Gair' oedd penllanw addoli. Yr oedd sôn yn y Beibl, yn arbennig yn y Salmau, am fawl a cherdd hefyd. Yng nghapeli'r Ymneilltuwyr hynny felly cafwyd diwylliant geiriol a cherddorol, ond ni welai'n cyndadau Ymneilltuol awdurdod yn y Beibl dros gelfyddyd weledol. (Dwy gwyn sydd gen i yn erbyn y Testament Newydd, meddai Neville Ward, ei wrth-Iddewiaeth, a'i ddiffyg diddordeb mewn celfyddyd.)

Eithr tra cadwai'r Ymneilltuwyr cynnar ddrws ffrynt y capel ar gau i ddylanwad celfyddyd, ar astell y pulpud yr oedd y Beibl, ag ynddo ysgrifennu celfydd a agorodd ddrws cefn i bregethau rhyfeddol o gain, ac i emynau eithriadol a heriodd gerddorion i'w cyfannu â thonau a safai gyda hyn ar eu traed eu hunain, a dod ymhlith allforion mwyaf adnabyddus Cymru. Yr oedd i'r capeli Ymneilltuol cyntaf oll hefyd lendid syml, ymarferol, gwylaidd a oedd yn anfwriadol o gelfydd. Heb draddodiad o chwaeth disgybledig yn ganllaw, collwyd pob integriti pensaernïol mewn rhai capeli mwy diweddar, a'u *facades* trychinebus o ddi-chwaeth a rhodresgar.

Erbyn hyn newidiodd cynulliadau capeli Cymru yn fawr. Nid yr hen ddosbarth gweithfaol tlawd y perthynai fy rhieni ifanc iddo ydynt mwyach, a daeth celfyddyd yn rhan amlwg o fywyd eu cymdeithas. Gwelir hynny yn yr Eisteddfod Genedlaethol, yn nifer yr orielau yma a thraw, a'r cynnydd mewn arlunwyr Cymreig adnabyddus. Aeth yn anos i Anghydffurfwyr fyw'n ynysig yn gelfyddydol, a bellach nid oes ganddynt wrthwynebiad i ambell ffenestr liw a baner y tu mewn i gapel, ac mae tyrau allanol yn hen ffenomenon nawr. Traddodir ambell ddarlith mewn cwmni Anghydffurfiol ar ryw wedd o gelfyddyd. Ceir erthyglau ar luniau clasurol mewn cylchgrawn fel 'Cristion', a defnyddir lluniau clasurol mewn llyfrau defosiynol, megis yr un gan Elfed ap Nefydd Roberts y soniais amdano uchod. Gwn hefyd am rai gweinidogion Anghydffurfiol sy'n teimlo sychder yn addoli a bywyd eu heglwysi, diffyg lliw, diffyg symbolau, diffyg pasiantri, diffyg harddwch a her gweledol, a gwn am ambell un sy'n mynd i wasanaeth Anglicanaidd pan fydd gwyl, y Groglith a'r Pasg yn arbennig. Byddai'n dda cael archwiliad o feddwl a bryd aelodau lleyg capeli anghydffurfiol ynghylch naws eu haddoli.

Casgliad

Ar hen, hen barwydydd pren festri'r capel y pregethwn ynddo pa Sul, lle yr âi'r plant i gael eu Hysgol Sul yn ystod y bregeth, yr oedd hen lun, di-liw bellach, o un o longau 'John Williams' Cymdeithas Genhadol Llundain yn y Môr Tawel oesoedd yn ôl, hen luniau o gynweinidogion nobl yr eglwys, ac oriel sobr o hoelion wyth Cymru o'r bedwaredd ganrif ar bymtheg. Beth ar y ddaear fyddai atgofion y plant am awyrgylch yr Ysgol Sul honno, a'r holl rai tebyg! Cytunai pob un o'r athrawon y gellid o leiaf wella ar hynny oll. Beth am luniau a allai agor eu meddyliau, codi cwestiynau ynddynt, ysbarduno eu dychymyg a'u paratoi i fod yn Gristnogion iach ac eang ac effro yn yr unfed ganrif ar hugain? Beth am un o'r lluniau o eni Iesu sy'n dangos gweddnewid ym myd natur? Beth am lun o ryw eicon clasurol - fel un yr artist Rwsaidd, Andrei Rublev, o'r bedwaredd ganrif ar ddeg? A beth am newid lluniau felly'n rheolaidd bob hyn a hyn? Byddai athro celf lleol, ac o bosibl llyfrgell leol, yn barod â'u cyngor a'u help yn siŵr.

Yn yr eglwys olaf a wasanaethais byddai arddangosfa fisol o weithiau rhyw artist neu'i gilydd o'r ddinas, a'r cyfryngau'n amrywio - tapestri, gwaith gwydr, cerfluniau, ffotograffau ac ati, ac ar Sul agor pob arddangosfa câi'r aelodau gyfle i gyfarfod yr artist, gwrando ar ei gyflwyniad o'i waith, a'i holi. Tynnai'r arddangosfa bobl ddieithr i'r capel, teulu ac edmygwyr yr artist, ond bobl chwilfrydig hefyd, ac ychwanegai'r arddangosfeydd at enw da'r eglwys yng ngolwg rhai yn y gymdogaeth. Ond prif amcan yr arddangosfeydd oedd datgan cred yr eglwys bod perthynas rhwng ffydd a chelfyddyd. Nawr ac yn y man, prynai aelod un o'r gweithiau - mae dau yn ein tŷ ni yma yng Nghymru - a mwy nag unwaith gwnaeth yr eglwys bwrcasiad arwyddocaol hefyd. Un oedd cerflun pres o wryw'n magu plentyn. Un tro gofynnais i aelod a oedd yn gartwnydd i bapur dyddiol am gasglu cartwnau ynghylch crefydd ar gyfer un o'n harddangosfeydd, a bu honno'n llwyddiannus iawn. Aeth un cartwnydd ymlaen i lunio a chyhoeddi llyfr defosiynol, â chartŵn i oleuo adnod wahanol ar gyfer bob diwrnod o'r flwyddyn.

Efallai y dylai eglwysi ystyried darlith flynyddol agored i bawb, ar y cyd ag eglwysi eraill efallai, ac o bosibl mewn neuadd leol gyhoeddus, ar ryw wedd o berthynas celfyddyd a chrefydd. Ac arddangosfa efallai - dyna un o weithgareddau'r Morlan yn Aberystwyth. A beth am i ambell eglwys gomisiynu gwaith celfyddydol? Mae gan rai wal neu bared gwag sy'n gweiddi'n groch am ryw fynegiant artistig o'u ffydd. A beth am arddangosfa yng nghyfarfodydd blynyddol bob enwad?

Y Parchg Glyn Thomas, Wrecsam glywais i'n dweud am rywun rywdro'n gofyn - i Spurgeon? - *'How should we preach the Gospel?'* A hwnnw'n ateb *'By all means.'*

Bywyd

Seicoleg a Ffydd

Rhyfeddaf at fethiant eglwysi i ddefnyddio gwybodaethau cyfoes. Gwelodd rhai bosibiliadau llun-gopïwr, cyfrifiadur ac ati, ond mae llawer hyd yn oed o'r rheiny ymhell ar ei hôl hi mewn ffyrdd eraill.

Mae gen i fab-yng-nghyfraith sy'n athro dylunio. Yn brosiect ar gyfer ei radd gwnaeth fainc â chefn iddi ar gyfer lle yn yr awyr agored. Aeth ymchwil yn ogystal â chrefft i mewn i'w gwneuthuriad. Amcan mainc, mewn parc dyweder, yw i rywun eistedd arni am sbel, yna symud ymlaen i rywun arall gael cyfle i eistedd arni. Ond sut mae cael rhywun sy'n eistedd arni i symud ymlaen? Yr ateb yw, drwy faint yr ongl rhwng y sedd a'r cefn. Gellir ei fesur i ddiogelu'n fras am ba hyd o amser yr eisteddai'r mwyafrif arni. (Anthropometreg yw enw'r astudiaeth honno.)

Wel, am wybodaeth handi i ddefnyddwyr pennaf meinciau, yn y gorffennol beth bynnag, sef Cristnogion. Ni chaiff fawr o addoldai newydd eu codi mwyach, ac nid meinciau yw'r celfi ynddynt efallai nawr. Eithr pe gwypid am effaith yr ongl yna yn y dyddiau pan godid capel yng Nghymru bob wyth niwrnod, gellid bod wedi cael meinciau y byddai'r addolwyr yn gysurus arnynt am hyd y bregeth arferol yn eu traddodiad hwy - ongl deng munud i Anglicaniaid, un hanner awr bron i Annibynwyr, tri chwarter awr i Fedyddwyr, ac ongl cadair glan-môr i'r Hen Gorff. Ond pe codid capeli heddiw â meinciau ynddynt, faint o ymddiriedolwyr, pe clywent y wybodaeth yna, a roddai sylw iddi? Mae ysbrydolrwydd arallfydol ymhlith crefyddwyr weithiau na rydd le i wybodaeth gyffredin synhwyrol a phrofedig.

Wrth gwrs, nid oes unrhyw 'ie' nad yw'n 'na'. Byddai meinciau'n dilyn yr egwyddor onglog ar sail hyd pregethau enwadol, wedi rhoi erfyn arall yn nwylo'r rhai a oedd yn groes i'r cynllun uno, 'Y Ffordd Ymlaen'. Sut y gallai Bedyddiwr gwerth ei halen uno ag enwad â meinciau ag onglau Presbyteraidd yn ei gapeli? Ond yn bersonol, pan anesmwytha cynulleidfa nawr wrth i mi bregethu, mae deall mai ar onglau'r seddau y mae'r bai efallai, nid ar hyd na chynnwys y bregeth, yn help seicolegol mawr i mi ddal ati - a dyna fi, ar ddamwain, wedi cyrraedd fy thema. Maes arall llawn gwybodaeth na chaiff y sylw dyladwy gennym. Seicoleg. Gwyddor yn amlinellu ein patrymau meddyliol. A oes disgyblaeth â mwy o addewid o gynhorthwy i ni ddynionach cyfoes?

Mythau, Chwedlau a Diarhebion

Nid yw deunydd seicoleg yn newydd, ond mewn mythau yr ymgorfforwyd llawer ohono yn y gorffennol. Darllenais unwaith fyth am dri march, un gwyn, un du, ac un du a gwyn. Nid yw mythau'n rhan o'n bwydlen meddyliol heddiw, er colled dirfawr i ni, ond yn ffodus, rhoddodd Freud neges y myth hwn mewn iaith a delweddau derbyniol i'n cenhedlaeth ni. Galwodd y ceffyl gwyn yn *ego*, yr un du yn *id*, a'r un du a gwyn yn *uwch-ego*!

Ffordd arall o gofnodi seicoleg yn y gorffennol oedd drwy chwedlau, megis rhai Aesop. Mae'r un ynghylch y ci yn gorwedd yn y preseb, yn cyfarth yn fygythiol pan fynnai ceffyl fwyta'r gwellt ynddo, er na allai ei fwyta ei hunan, yn enghraifft dda.

Mae diarhebion hefyd yn llawn seicoleg. Byddai diarhebion, byth a hefyd, fel adar, o gwmpas fy mhen i'n ifanc. Beth bynnag a wnawn neu na wnawn, byddai oedolyn yno i gymhwyso dihareb i'r sefyllfa - 'Nid da lle gellir gwell', 'Deuparth gwaith yw ei ddechrau', 'Nid aur yw popeth melyn'. Ond nid yw pobl ifainc nawr yn treulio digon o amser gydag oedolion iddynt glywed diarhebion. Oddi wrth eu cyfoedion y dysgant eu sgiliau byw heddiw beth bynnag. Nid yw oedolion mor barod i rannu diarhebion chwaith. Mae'r ymchwydd mewn gwybodaethau newydd, a'r newidiadau mewn moesau a gwerthoedd, wedi codi cwestiynau na ŵyr oedolion yr atebion iddynt, ac wedi peri iddynt amau atebion a wyddant yn iawn.

Seicoleg 'Pop'

Ond gyda diwedd seicoleg anuniongyrchol, daeth seicoleg uniongyrchol i'r adwy, yn wyddor â chanddi asiantau proffesiynol, sy'n esgor ar wybodaeth mwy cyfoes ei naws na'r un wybodaeth yn union mewn dillad traddodiadol.

Yn yr Unol Daleithiau mae llyfrau aneirif, a rhaglenni teledu diddiwedd, yn llawn seicoleg boblogaidd. O ganlyniad mae gan drwch poblogaeth America ddeall o batrymau'r natur ddynol helaethach nag a feddwn ni'r ochr hon i Fôr Iwerydd. Dywedwch chi 'helo' wrth rai Americanwyr, ac fe allant ddweud oddi wrth dinc eich llais, eich modd o draddodi, ac osgo eich corff, eich bod yn ail blentyn, bod eich rhieni wedi ymwahanu, eich bod yn llwyddiant yn broffesiynol, a bod eich gwraig yn dost. Gall dyn deimlo'n noeth mewn ambell gwmni yn yr Unol Daleithiau.

Mae llawer iawn mwy o ddefnydd o ymgynghorwyr seicolegol (preifat) yno hefyd - a llawer mwy o ymgynghorwyr! Cofiaf fam yno'n dweud wrthyf, fel pe bai'n sôn am fynd i'r archfarchnad, "Mae dau o'r plant yn cweryla'n ofnadwy'n ddiweddar, 'wn i ddim pam, ond aeth yn annioddefol, felly rwyn mynd â nhw at ymgynghorydd teuluol i weld beth sy'n digwydd." Y tro nesaf y gwelais hi dywedodd fod yr ymgynghorydd wedi datrys y broblem ymhen dim amser! Daeth yn amlwg ei bod hi wedi gwneud hynny o'r blaen.

Bydd rhai'n gweld parodrwydd fel yna i ymweld ag ymgynghorydd yn arwydd o fethu â datrys rhai problemau y dylai oedolion eu datrys eu hunain. Ond gall seicolegwyr yn aml ddatrys yn gyflym broblemau a gymerai amser hir i ni eu datrys, problemau na fyddai'r mwyafrif ohonom yn debyg o'u datrys beth bynnag, neu o allu eu datrys. Mae'n wirioneddol drist gweld ambell un yn mynd drwy ei fywyd yn cael ei gyfyngu'n arw gan ddiffyg y gallai ymgynghorydd ei ryddhau oddi wrtho ar fyrder.

Drwy lyfrau, ac erthyglau, a rhai rhaglenni ar y teledu, daeth seicoleg 'pop' yn fwy cyfarwydd yn ein gwlad ninnau bellach. Gall y rhain oll helpu pobl i ddeall rhai gwersi elfennol am fywyd na chânt eu dysgu mwyach ar yr aelwyd neu gan gymdeithas. Gall ambell ymadrodd yn unig o fyd seicoleg fod yn help i ddeall rhai agweddau o'r natur ddynol. Y gorau y gwn i amdano yw 'passive-aggressive' - i ddisgrifio person sy'n rhedeg y siew'n dawel heb i fawr o neb, heb i'r person ei hunan efallai, sylweddoli hynny.

Gwn am wraig y ffitia'r disgrifiad yna hi i'r dim. Os dywed ei gŵr ei fod yn mynd i weld ffrind, a hithau ddim eisiau iddo fynd (heb ddeall hynny ei hunan bob amser, rwyn siŵr), ni fydd yn ei gymell i beidio â mynd. "Dyna fe te, bant â ti, mae eisiau newid arnat ti, rwyt ti wedi bod mewn drwy'r dydd. Cerdded fyddi di, neu fynd â'r car?" "Beth wyt ti'n meddwl fyddai orau?" (Mae'r ddawns wedi dechrau, a'r ddau'n reddfol yn gwybod y camau nesaf.) "Fe wnaiff wâc les i ti, ond gwna di beth wyt ti eisiau." "Fe gerdda i 'te. Fydda i ddim yn hir iawn." "Paid â hastu nôl, mae digon gen i i'w wneud. Ond mae'n bygwth glaw, gwell i ti fynd â dy got." "Reit. Fe âf i'w hôl hi." "O, elli di ddim mynd â'r un ore, mae marc sy'n dishgwl fel saim arni, rhaid dy fod ti wedi ei rhwto yn erbyn y car." "Fe âf fi â'r hen got 'te." "Wel, bydd dim ots da Jac a Betsi, ond mae rhywun wastod yn galw yn eu tŷ nhw cofia. Fydde fe ddim yn neis dy fod ti'n cyrradd yn edrych yn anniben a rhywun 'na." "O, gad iddi am heno, fe âf fi rywbryd eto."

Seicoleg Ymarferol

Cymerodd pob un o'n teulu ni brawf seicolegol un tro, a daeth i'r golwg bod un ohonom yn prosesu profiadau bywyd yn wahanol i'r ffordd y gwna'r tri arall hynny. Ond yr oedd y tri arall wedi rhoi'r neges iddi hi dros amser ei bod hi'n 'lletwith'. Dangosodd y prawf iddynt hwy ac iddi hi, nad un lletwith oedd hi, ond un â systemau gwahanol o feddwl a gweithredu. Ysgafnhaodd y prawf

dipyn ar ei hymwybod hi, a dysgodd wers i'r lleill ohonom
ynghylch amrywiaeth a pharch.

Gall deall eu seicoleg helpu cydweithwyr hefyd. Yn yr eglwys
olaf a wasanaethais, yr oedd sawl gweinidog, a gweithient o'r
capel. Yr oedd un ohonynt eisiau setlo pob penderfyniad cyn
mynd adref ar ddiwedd dydd. Ond fi oedd piau gwneud ambell
benderfyniad ynglŷn â'i waith ef, ac yr oeddwn i eisiau cadw pob
penderfyniad yn agored cyhyd â bo modd. Teimlai ef felly'n ddig
am nad oeddwn i'n rhoi rhai penderfyniadau iddo cyn diwedd y
dydd, a theimlwn innau'n anfodlon ei fod ef yn wasgfa arnaf fi i
benderfynu pethau cyn fy mod i'n barod. Pan gymerodd holl staff
yr eglwys yr un prawf ag a gymerodd ein teulu ni, gwelodd y
ddau ohonom nad cythreuldeb oedd yn gyrru'r llall (o
anghenraid!), ond prosesau gwahanol o weithio. Wedyn, gallem
drafod hynny'n rhydd o ddrwgdeimlad a gwneud cyfaddawd a
fu'n help i ni'n dau'n bersonol, yn help i'n gwaith, ac felly i'r
eglwys.

Y prawf a ddefnyddiwyd gan ein teulu ni, ac yn yr eglwys,
oedd *The Myers-Briggs Test*, a enwyd ar ôl dwy seicolegydd a'i
lluniodd. Rhaid oedd i'r sawl a ymgymerai â'r prawf, ateb rhestr
hir o gwestiynau, rhoddid yr atebion i arbenigwr i'w ddehongli, ac
yna rhoddai ef adroddiad. Hanfod yr adroddiad fyddai pedair o
bedwar pâr o lythrennau a ddisgrifiai bersonoliaeth y person a
gymerodd y prawf. Y parau oedd E-I, P-J, N-S, F-T. Golygai E er
enghraifft, *Extrovert*, ac I, *Introvert*, a gellid bod yn E neu I cryf
neu gymedrol. Nid disgrifio nodwedd allanol a wnâi llythyren,
ond modd mewnol person o ymateb i fywyd. Credai fy nghyd-
weithwyr mai E cryf oeddwn i, ond I cymedrol wyf fi, sy'n meddu
ar sgiliau echblyg, ac a gyflawnai waith a alwai am eu hymarfer -
ond yr wyf yn prosesu fy adwaith at fywyd yn fewnol.

Amcan y prawf oedd helpu person i adnabod ei ddulliau o
ymateb i fywyd, i weld felly ym mha ffyrdd yr oedd yn gryf a
medrus, ac ym mha ffyrdd yn wan ac anfedrus. Wedyn, os oedd
am fod yn berson mwy cyfan, gallai ddewis datblygu ei berson yn
y ffyrdd yr oedd yn wan ac anfedrus ynddynt. Defnyddia rhai

busnesau brofion felly i adeiladu timau yn y lle gwaith. Mae P, er enghraifft, yn cynrychioli'r duedd i weld posibiliadau, a J yn cynrychioli'r duedd i drefnu. Rhaid wrth rywun sy'n P i freuddwydio dros y busnes, ond rhaid wrth rywun sy'n J hefyd fod wrth ei ymyl i sicrhau bod y breuddwydion yn cael eu cyflawni.

Gellid defnyddio seicoleg i ddeall tueddfryd y garfan gymdeithasol y perthynwn iddi. Mae dau fath o seicoleg gymdeithasol cyffredinol, sef edrych yn ôl ac i mewn, ac edrych allan ac ymlaen. Yn achos yr Indiaid Cochion yn yr Unol Daleithiau, (yr Americaniaid Brodorol fel y'u gelwir weithiau), nid oes fawr o ddyfodol i'w weld iddynt fel pobl, na lle penodol yn y gymdeithas ehangach. Nid oes arwydd, er enghraifft, y bydd rhywun o dras Indiaidd fyth yn Arlywydd y wlad, ac nid yw'r gymdeithas ehangach yn gorfod cydnabod eu diwylliant. Bod yn Indiad da felly yw edrych yn ôl, ac edrych i mewn, gwybod traddodiadau'r llwyth, a bod yn deyrngar iddo. Ond ychydig o orffennol cenedlaethol Americanaidd sydd gan drigolion gwyn yr Unol Daleithiau (ychydig dros ddwy ganrif sydd ers pan enillasant eu hannibyniaeth). Ond mae ganddynt oll ddyfodol. Mae gwynion America hefyd yn hannu o gefndiroedd ethnig a daearyddol gwahanol a niferus, ond gwanhau mae'r clymau llwythol ers tro. Iddynt hwy felly, edrych ymlaen ac allan piau hi. Mae digon o debygrwydd rhyngom ni'r Cymry Cymraeg a'r Indiaid Cochion i awgrymu bod gwasgfeydd arnom ninnau i feddwl yn llwythol, i edrych yn ôl ac i mewn, i wneud ffyddlondeb i'r gorffennol a'r llwyth yn brif werth. Nid yw'r Cymro Cymraeg sy'n edrych ymlaen ac allan fyth yn gwbl, hollol, ddiamwys gartrefol ymhlith ei gyd-Gymry Cymraeg. Felly pe dymunem ninnau'r Cymry Cymraeg - gan gynnwys Cristnogion Cymraeg - fod yn garfan mwy cyfan ein hagwedd at fywyd, byddai gofyn i ni roi mwy o bwyslais ar y dyfodol, ac ar y byd y tu allan ac o'n cwmpas ni.

Seicoleg a Chrefydd

Mae seicoleg o bwys arbennig i grefyddwyr, oherwydd seicolegol yn hytrach na rhesymegol, heb sôn am foesol ac ysbrydol, yw llawer o bob crefydda - llawer o'r addoli, y gweddïau, y pregethau, y credoau, a llawer o'r gweithgareddau a'r tueddiadau. Mae hynny'n naturiol ac yn anochel, a gall fod yn ddi-ddrwg ddi-dda - ond gall hefyd ein harwain i'n twyllo'n hunain ac i dwyllo'n gilydd.

Un diwrnod, flynyddoedd yn ôl, addefodd gweinidog nid anenwog wrthyf ei fod yn ansicr ei ffydd, yn ei chael yn anodd i 'gredu'. Ymhen pythefnos gwrandawn arno'n pregethu mewn cyrddau mawr. Y nos Sadwrn honno cyflwyno syniadau'r diwinydd Karl Barth am ddatguddiad a wnaeth, heb unrhyw ystyriaeth ohonynt, a dim cymhwyso ohonynt ar gyfer ei wrandawyr. Ond cyflwynodd y cyfan mewn llais cryf (fel y dylid cyflwyno syniadau Barth!). Ar y ffordd allan dywedodd gweinidog arall yno wrthyf, "Fe ddês i'r cwrdd heno'n ddigalon, ond mae wedi bod yn donic clywed rhywun arall mor siŵr o'i bethau." Pregethwr ansicr, gwrandäwr anghenus. Beth bynnag arall sy'n wir am y fath berthynas simbeiotig, yr oedd tipyn o seicoleg ynddi. Gall yr Ysbryd ddefnyddio'n seicoleg ni i'n dwyn i'r fan y myn ef, wrth gwrs.

Cofiaf pan oeddwn yn weinidog ifanc iawn, i weinidog hŷn a eisteddai yn fy ymyl, roi cynnig gerbron cyfarfod o'r cyfundeb Annibynnol y perthynem ein dau iddo ar y pryd. Nid oedd y cynnig y tu mewn i rigolau arferol cynigion cyfundebol, felly daeth yn amlwg yn fuan bod pawb yn anghysurus ag ef, er ei bod yn amlwg hefyd na wyddent pam. Yr oedd yn mynd i fethu. Cyn y bleidlais, cafodd y cynigydd gyfle i ymateb. Rhoddodd winc i mi, cododd, yna dywedodd wrth y cadeirydd na fynnai ddweud mwy am ei gynnig, ond hoffai ddweud gair. Aeth ymlaen i ddweud, "Pe baem ni'n Eglwyswyr, esgobion fyddai'n trafod hyn, pe baem ni'n Bresbyteriaid, henuriaid fyddai'n ei drafod, ond dyma ni, Annibynwyr, gweinidogion a lleygwyr, a phawb yn cael dweud ei farn. Felly beth bynnag a ddigwydd i'r cynnig, hoffwn ddweud mor falch yr wyf o'n proses ni fel Annibynwyr o'i drafod." Pasiwyd y cynnig yn unfrydol.

Seicoleg a'r Ysbryd

Gallwn dwyllo'n hunain ac eraill hefyd, drwy dadogi pethau'n rhy rhwydd i'r 'Ysbryd'. Pan oeddwn yn y coleg derbyniodd cyd-fyfyriwr (o enwad arall, wrth gwrs!), alwad oddi wrth eglwys i fod yn weinidog iddi. Gyrrodd ateb yn syth yn dweud ei fod yn teimlo'r Ysbryd yn ei arwain i dderbyn. Ymhen pythefnos derbyniodd alwad oddi wrth eglwys fwy ac enwocach. Ni chofiaf beth yn hollol a ddywedodd yn ei ail lythyr i'r eglwys gyntaf, ond gwn iddo ysgrifennu mwy nag un drafft! Balm i'm henaid i flynyddoedd wedyn oedd darllen nodyn yn Y Seren gan y dyn braf a chall, y Bedyddiwr Eirwyn Morgan, ar yr union bwynt hwn, gan ddweud mai am ei fod eisiau byw ar lan y môr y derbyniodd ef alwad i Landudno, lle'r oedd yn weinidog ar y pryd!

Nid oes gan Gristnogion Cymraeg fonopoli ar fod yn or-barod i dadogi pethau i'r Ysbryd. Ar Awst 26, 1978 etholwyd John Paul I yn Bab. Bu'r dewis ohono gan ei gyd-gardinaliaid yn gyflym eithriadol, ac ar y teledu y noson honno dywedodd Basil Hume, Archesgob Westminster, pennaeth Pabyddion Prydain felly, fod hynny'n brawf mai dewis yr Ysbryd Glân oedd Albino Lucani. Ymhen tri deg tri o ddiwrnodau, ar Fedi 28, bu farw John Paul I druan, ac wele Hume yn ôl ar y teledu i ailddehongli meddwl yr Ysbryd.

Mae Robert Dykstra, Athro Diwinyddiaeth Fugeiliol yn yr Unol Daleithiau, wedi tynnu cyswllt rhwng anaeddfedrwydd seicolegol a bod yn bregethwr anniddorol. Dyfynna seiciatrydd plant sy'n dweud bod gallu plentyn i fod yn *'bored'* yn gam iach a phwysig yn ei ddatblygiad, oherwydd yn y cyflwr hwnnw, chwilio am rywbeth y mae, heb wybod beth, ond allan o'r chwilio gall yr hyn y mae'n ei ddymuno gael ei grisialu. Felly camgymeriad yw brysio i leddfu *'boredom'* plentyn bob amser meddai. Nid yn unig gall hynny beri iddo dyfu'n oedolyn sy'n credu y dylai bywyd fod yn ddiddorol bob munud, ond yn bwysicach, bydd yn ei rwystro rhag cychwyn ar y broses o adnabod pa bethau y mae ef ei hunan yn eu dymuno mewn bywyd. Heb ymgymryd â'r broses o dyfu - dros amser - yn yr hunanadnabyddiaeth hwnnw, datblygu personoliaeth sylfaenedig ar ei ymateb i agendau pobl eraill y bydd, yn hytrach nag un ar ei agenda bersonol ef ei hun. A dyna golli'r posibilrwydd o fod yn berson - ac efallai pregethwr - diddorol! Ni all person felly fyth gael ei synnu, er enghraifft, medd Dykstra, heb sôn am synnu eraill.

Seicoleg a Diwinyddiaeth

Bu farw M. Scott Peck yn gymharol ddiweddar. Ef oedd awdur y llyfr 'The Road Less Travelled', teitl a ddaeth o linell mewn cerdd gan y bardd Americanaidd Robert Frost (newidiwyd y teitl cyntaf, 'The Psychology of Spiritual Growth', ar gais y cyhoeddwr - rhagor o seicoleg!). Fe'i cyhoeddwyd ym 1978, gwerthwyd miliynau o gopïau ohono, a'i gyfieithu i ugain iaith. Mynnai Peck fod bywyd yn hanfodol anodd - yn orlawn o anawsterau 'almost fiendishly designed for our learning'. Nid oedd yn siŵr, fel y mae rhai, y gall seicoleg ein gwneud yn hapus, na hyd yn oed yn hapusach. Ond credai y gallai ddysgu pobl ynghylch cymundod, ynghylch cynnal ei gilydd, ynghylch bod yn fwy tosturiol, ac yn fwy na dim, ynghylch bod yn bersonau mwy 'competent'. Eithr myn Peck nad oes wahaniaeth rhwng y meddwl a'r ysbryd - 'psychotherapy and spiritual growth are one and the same thing'. Er iddo olygu wrth seicotherapi nid proses syml a rhwydd, ond un cymhleth, anodd, ac am oes, mae hwnna'n ddweud mawr na allaf fi roi 'amen' iddo.

Gwell gen i ymresymiad Deborah van Deusen Hunsinger, Athro Diwinyddiaeth Fugeiliol yng Ngholeg Diwinyddol Princeton, yn yr Unol Daleithiau. (Braf oedd byw am sbel mewn gwlad ag ynddi'r fath amrywiaeth gogoneddus o gyfenwau. Ond beth pe bawn i'n sengl pan euthum i astudio yn yr Unol Daleithiau, a dychwelyd gan gyflwyno i mam ddarpar ferch-yng-nghyfraith o'r enw - mae'n werth ei ddweud eto - Deborah van Deusen Hunsinger. Beth ddywedai mam druan.)

Ymboenodd hi (Deborah van Deusen Hunsinger nawr, nid mam) ynghylch perthynas seicoleg â diwinyddiaeth, perthynas allweddol yn ei maes hi. Ei phroblem oedd bod rhai meddylwyr Cristnogol wedi cymysgu'r ddwy ddisgyblaeth i'r graddau bod y gwahaniaeth rhyngddynt bron â diflannu. Gwnaethant hynny drwy herio credoau'r Eglwys yn enw beth sy'n seicolegol iach. Gofynnent, er enghraifft, onid yw'r syniad o bechod yn dysgu'n plant i fod â chywilydd o'u hunain, ac onid yw hynny'n niweidio eu deall o'u gwerth eu hunain? Eto, oni ddylem weddïo er mwyn cael tawelwch meddwl? - yn ôl rhai ystadegau, crefyddwyr yw'r bobl hapusaf. I'r meddylwyr hyn, ni olygai pechod mwy na thrafferthion seicolegol, na iachawdwriaeth fawr mwy na iechyd emosiynol. Ond ar yr ochr arall, yr oedd meddylwyr Cristnogol eraill wedi gwahanu seicoleg a diwinyddiaeth i'r graddau nad oeddent yn arddel gweddau seicolegol bywyd Cristnogion o gwbl. Cwestiwn Hunsinger oedd, pryd mae defnyddio seicoleg, a phryd mae ei herio yn enw ffydd.

Yr oedd y broblem yn un ddwys iddi hi oherwydd yn ogystal ag astudio seicoleg Freud, Jung, Erikson ac ati, yr oedd diwinyddiaeth Karl Barth, diwinydd Protestannaidd mawr yr ugeinfed ganrif, wedi dylanwadu'n fawr arni hi. Yr oedd ei ddeall ef o ddatguddiad fel cychwyn diwinyddiaeth, a'i bwyslais ar y Beibl fel unig ffynhonnell gwybodaeth am Dduw, yn her i unrhyw esboniadaeth yn dechrau a gorffen â phrofiad dynol - fel seicoleg.

Dechreuodd gael ateb pan glywodd hi Hans Frei, diwinydd o Iâl, yn dweud bod diwinyddiaeth yn perthyn i fyd rhesymegol gwahanol i wyddorau eraill. Yna clywodd ei gŵr, sy'n ddiwinydd, yn defnyddio ffordd Cyngor Calcedon yn 451 O.C. o feddwl am Iesu, sef 'gwir Dduw a gwir ddyn - dau natur, heb eu cymysgu, ond heb eu gwahanu', i esbonio'r berthynas rhwng diwinyddiaeth a gwleidyddiaeth hefyd - 'heb eu cymysgu, ond heb eu gwahanu'. Gwelodd hi y gallai'r patrwm hwnnw o feddwl esbonio perthynas diwinyddiaeth a seicoleg - hynny yw, dwy ddisgyblaeth na ellir mo'u cymysgu na'u gwahanu.

Cafodd help ymhellach mewn eglureb gan Michael Polanyi. Sôn am godi tŷ wnaeth Polanyi. Dechrau codi tŷ yw casglu'r deunydd crai ar gyfer briciau, meddai. Yna rhaid wrth wneuthurwr briciau. Yna bydd pensaer yn llunio'r cyfanwaith, ac mae yntau'n atebol i gynlluniwr tref. Mae i bob un o'r lefelau hyn o'r gwaith ei reolau. Rheolau ffiseg a chemeg sy'n cynhyrchu'r defnydd crai. Rheolau technoleg sy'n bwysig ynghylch gwneud briciau. Rheolau pensaernïaeth sy'n llywio'r adeiladu. Rheolau cynllunio dinesig sy'n penderfynu maint, natur a lleoliad y tŷ. Mae pob lefel yn y broses yn dibynnu ar y wybodaeth a ddefnyddir yn y lefelau oddi tani, ond nid yw'r rheolau mewn unrhyw lefel yn cyfrif yn y lefelau uwch!

Casgliad Hunsinger yw bod diwinyddiaeth, pan ddefnyddir hi wrth roi cyngor bugeiliol, yn dibynnu ar seicoleg da sy'n rhoi gwybodaeth ddibynadwy ynghylch sut mae person yn gweithredu. Ond ni all seicoleg ddweud dim wrthym am amcanion uchaf bywyd dynol. Mae'r ddwy wyddor yn effeithio ar ei gilydd, ond rhaid rhoi blaenoriaeth i'r wybodaeth am Dduw. Y wybodaeth honno sydd bwysicaf. Tybiwn y bydd pawb sy'n darllen yr ysgrif hon yn cytuno i'r carn â'r canlyniad hwn. Ond i ni, y perygl yw y byddwn, wrth gytuno ar flaenoriaeth diwinyddiaeth dros seicoleg, yn anghofio, neu'n dibrisio, gwerth seicoleg da, nid mewn gwaith bugeiliol yn unig, ond wrth ddiwinydda'n gyffredinol - fel y gwna pregethwr wrth bregethu, er enghraifft.

Diweddglo

Prin y bydd neb ohonom fyth yn newid ein seicoleg personol yn sylfaenol. Rhywbeth wedi ei roi i ni yw ein seicoleg. Nid yw na drwg na da. Yr oedd yr Apostol Paul cyn ei brofiad ar y ffordd i Ddamascus yn ddyn difrifol, taer, dygn, brwdfrydig, a dyn difrifol, taer, dygn, brwdfrydig oedd wedi ei dröedigaeth. Newidiodd ei gyfeiriad mewn bywyd, ond ni newidiodd ei seicoleg personol sylfaenol. Eithr gall gwyddor seicoleg, drwy ddangos i ni ein cryfderau a'n gwendidau naturiol, roi dewis i ni, nid i newid ein personau'n sylfaenol, ond i wybod ar ba bethau y gallwn weithio os ydym am fod yn bersonau mwy cytbwys a chyflawn.

Rhan o dristwch bywyd yw ambell beth a allai ddigwydd, na allai neb wadu y gwnâi ddaioni, eto nad yw'n debyg o ddigwydd byth. Ar sail fy mhrofiad i o brofion personoliaeth i mi ac i eraill, yr wyf yn hollol, gwbl siŵr y byddai'r weinidogaeth yng Nghymru, ac o ganlyniad, yr eglwysi, lawer yn well eu hymateb i'r efengyl a phobl a bywyd pe câi pob gweinidog a phregethwr brawf personoliaeth - fel y caiff seiciatryddion yn rheolaidd. Yn wir, pe bawn i'n filiwnydd, cynigiwn dalu am brawf personoliaeth i bob arweinydd eglwysig o unrhyw fath yng Nghymru, ordeiniedig a lleyg. Ond sawl un a dderbyniai'r cynnig tybed?

Hiliaeth

Martin Luther King, Jr.

Agoriad da i mewn i bwnc hiliaeth, yw bywyd a gwaith y Dthr. Martin Luther King, *Jr.* Efallai ei bod yn bryd i lawer ohonom ailymweld â'i hanes ef beth bynnag.

I dduon yr Unol Daleithiau, mae'r *Jr.* yn cyfrif, am fod ei dad, y Parchedig Martin Luther King, *Sr.* yn ŵr o bwys iddynt. Bychanu dyn du arall sylweddol yw hepgor y *Jr.* wrth enwi'r mab, ac arwydd i'r duon nad yw'r un a wna hynny ar ei gwar hi. Wedi cydnabod hynny, gollyngaf y *Jr.* nawr yn yr ysgrif hon.

Ganed Martin Luther King ar Ionawr 15, 1929, yn Atlanta, Georgia. Michael oedd enw bedydd y tad a'r mab, ond o barch i'r Diwygiwr mawr, newidiodd y tad enw'r ddau ohonynt ym 1935.

Llestr pridd oedd y mab. Wedi ei faldodi'n blentyn, tyfodd yn oedolyn diddisgyblaeth a hedonistiadd yn aml yn ei fywyd preifat, ond yn ei fywyd cyhoeddus, dangosodd ddewrder syfrdanol, a medr i ysbrydoli eraill i arddangos ymatal a disgyblaeth ryfeddol.

Realiti hiliaeth yn rhai o daleithiau deheuol yr Unol Daleithiau pan oedd King yn fachgen, oedd rheolau cymhleth ynghylch pleidleisio, llysoedd yn rhyddhau dynion gwyn a dreisiodd wragedd du, ysgolion isradd, mannau 'gwynion yn unig' mewn sinemâu a thai bwyta a threnau, gyrwyr gwyn bysiau yn cymryd arian hen wragedd du wrth ddrws blaen y bws, yna'n eu gorfodi i ddod mewn drwy'r drws cefn a gyrru bant cyn iddynt gyrraedd, bechgyn du'n cael eu llofruddio a'r heddlu'n anwybyddu'r trosedd, a bechgyn gwyn haerllug yn galw hynafgwyr du urddasol yn 'boy'. Nid yn unig yr oedd strwythurau cymdeithasol a chyfreithiol yn gwahaniaethu'n fanwl a milain yn erbyn y duon, yr oedd hefyd awyrgylch a ganiatâi i wynion culfarn, peryglus eu camdrin fel y mynnent.

Montgomery, Alabama

Ym Montgomery, Alabama, lle y daeth Martin Luther King ym 1954 yn weinidog i Eglwys Fedyddiedig *Dexter Avenue,* cadwai'r 50,000 o dduon yno draw oddi wrth y 90,000 o wynion yn y ddinas, ac fel mwyafrif duon y De bryd hynny, derbynient eu rhan gyda difrawder. Ond llwyddodd rhai protestiadau yn erbyn hiliaeth yn nhaleithiau'r Gogledd, ac yr oedd parodrwydd newydd ymhlith rhai o arweinwyr du Montgomery i wneud yr un fath. Daeth y cyfle pan arestiwyd Rosa Parks, Rhagfyr 1, 1955, am dorri rheol ddinesig drwy wrthod codi o'i sedd mewn bws pan oedd dyn gwyn yn sefyll. Dyna ddechrau boicot o'r bysiau, a herio'r rheol yn y Llys Ffederal. Dewisodd arweinwyr du Montgomery Martin Luther King i arwain yr ymgyrch. Nid yw'n glir pam y dewiswyd ef yn lle rhywun cyfarwydd fel Ralph Abernathy. Yn ôl rhai, dewiswyd ef am ei fod yn newydd i'r cylch heb fod eto'n ddyledus i neb, yn ôl eraill, cyfaddawd oedd rhwng dau arall cryf, ac yn ôl eraill eto, ofnai rhai y methai'r boicot, a dewiswyd ef yn fwch dihangol.

Siaradwr ac Arweinydd

Mewn cyfarfod cyhoeddus cyn diwedd y dydd, gwelwyd bod y gweinidog ifanc newydd yn siaradwr grymus. Nid mater o draddodi'n unig oedd hynny, ond o arucheledd ei feddwl. Gŵyr pawb am yr araith 'Mae gen i freuddwyd' a draddododd o flaen cofeb Lincoln yn Washington D.C. ar Awst 25, 1963, ond cofiaf finnau hefyd ddarllen pregeth a draddododd i ddilynwyr iddo a oedd ar fin gorymdeithio dros eu hawliau. Ei destun oedd Mathew 5:23,24: 'Os wyt yn cyflwyno dy offrwm wrth yr allor, ac yno'n cofio bod gan dy frawd rywbeth yn dy erbyn, gad dy

offrwm yno o flaen yr allor, a dos ymaith, myn gymod yn gyntaf
â'th frawd, ac yna tyrd a chyflwyno dy offrwm.' Pan ewch allan
heddiw, meddai wrthynt, bydd rhai'n galw enwau arnoch na
chlywsoch erioed, ac yn poeri arnoch. Cewch eich curo efallai,
eich brathu gan gŵn yr heddlu, eich carcharu. Ond os cadwch
eich maddeuant yn ôl oddi wrth bawb a wna hynny i chi, yna 'gall
eich brawd gwyn ddal yn eich erbyn ei angen ef am faddeuant'.

Yn ddiarwybod iddynt, yr oedd y rhai a ddewisodd Martin
Luther King yn arweinydd i'r boicot, hefyd wedi dewis
arweinydd unigryw a oedd, yn 26 mlwydd oed, wedi gorffen
pererindod ymenyddol ac ysbrydol. Dechreuai ar ei waith fel
arweinydd newid cymdeithasol wedi ei arfogi gan ddealltwriaeth
ddofn o'r natur ddynol, gan gredoau ynghylch sut i ddod â
newidiadau i ben, a chan argyhoeddiadau ynghylch dulliau ac
amcanion cyson â dysgeidiaeth Iesu Grist.

Yn fyfyriwr ifanc, ei gynhysgaeth grefyddol oedd
ffwndamentaliaeth ei gefndir, ond gwelodd le lletach i'r
ymennydd mewn ffydd, a bod a fynno ffydd â thystiolaeth
gymdeithasol. Cawsai awgrym ynghylch ymladd hiliaeth yn llyfr
Henry Thoreau, 'Anufudd-dod Sifil', a dylanwadwyd arno gan
lyfr Walter Rauschenbuch, 'Efengyl Gymdeithasol'. Cyfareddwyd
ef gan ymdriniaeth Ghandi o Satyagraha, grym ysbrydol, a
chafodd ddiffiniad ohono yn y gair Groeg *agape* yn y Testament
Newydd, a olygai iddo ef 'ewyllys da, gwaredigol, tuag at bawb'
- y math ar gariad a welai yn nysgeidiaeth Iesu. Achosodd
beirniadaeth Richard Niebuhr ar heddychiaeth benbleth iddo
dros dro, ond cafodd ateb yn nysgeidiaeth yr athronydd
Almaenig Hegel ynghylch 'y cyfuno creadigol o
wrthgyferbyniadau'. Wynebodd ef yr hiliaeth o'i gwmpas felly â
strategaeth a dynnai i'r wyneb y rhagfarn a'r dicter sy'n mynegi'r
ansicrwydd a'r ofn y tu ôl i hiliaeth.

Yr oedd ei ymdrechion wrth wneud hynny'n orchest gorfforol
- blynyddoedd benbwygilydd yn ateb y teleffon, yn ysgrifennu
llythyron, yn dadlau â gwrthwynebwyr, yn rhoi cyfweliadau, yn
teithio, yn mynd i lysoedd, yn mynd i garchar. Ysgrifennodd bum

llyfr, erthyglau aneirif, traddododd dros 2,500 o anerchiadau, ac ar yr un pryd cyflawnodd orchwylion gweinidogaethol. Er nad oedd ond 39 pan laddwyd ef, dywedodd meddyg a archwiliodd ei gorff wedyn, fod ganddo galon dyn 60 oed oherwydd straen y blynyddoedd o frwydro'n ddiarbed dros gyfiawnder.

Yr oedd yn orchest foesol ac ysbrydol hefyd. Ei ddull o ymladd anghyfiawnder oedd gwrthod cydymffurfio â drygioni, ond ei wrthwynebu'n ddi-drais. Hyn iddo ef oedd ffordd y cryf. Dyfynnai Ghandi - 'Efallai y bydd yn rhaid i afonydd o waed lifo - ond rhaid iddo fod ein gwaed ni.' Tra bod a fynno hiliaeth â grym statws dihaeddiant, siaradai King am bŵer dioddefaint dihaeddiant. Nid bychanu gwynion oedd ei fwriad byth, ond ennill eu dealltwriaeth a'u cyfeillgarwch. Yn y bôn, meddai, nid brwydr rhwng duon a gwynion oedd hon, ond rhwng cyfiawnder ac anghyfiawnder. Os daw buddugoliaeth meddai, nid i'r duon yn unig y bydd, ond i'r gwynion hefyd. Uwchlaw popeth byddai'n fuddugoliaeth i rymusterau'r goleuni. Weithiau dywedai bethau fel 'mae tuedd yr holl fydysawd tuag at gyfiawnder - wrth i ni ymdrechu yma ym Montgomery, mae gennym gyfeillach gosmig.'

Cyflwynai King y negeseuau hyn mewn dosbarthiadau a gynhelid ddwywaith yr wythnos yn ystod boicot y bysiau ym Montgomery. Wedi iddynt ennill eu lle ar y bysiau, trefnai ef a'i gymheiriaid i'w pobl actio allan broblemau posibl rhwng du a gwyn ar y bysiau. Gwasgai arnynt i fod yn gwrtais ac urddasol, a dibynnu ar rym moesol ac ysbrydol i'w hamddiffyn rhag dial posibl. Ni chyfaddawdodd erioed ar na'i ddulliau na'i amcanion, hyd yn oed pan fomiwyd eglwysi'r duon - a'i gartref ef ei hun.

Paul a Iesu

Yr oedd elfen ym mhrofiad Martin Luther King a'r duon yn yr Unol Daleithiau a'i gwnâi'n haws iddynt hwy na llawer o bobl eraill i uniaethu â meddylfryd Iesu. Ffrind i'w rieni, a fugeiliai Martin y mab, oedd Howard Thurman (1899-1981), cawr ym mhantheon duon yr Unol Daleithiau, a adawodd Brifysgol

Washington D.C., lle'r oedd yn Ddeon yr Adran Ddiwinyddol, i ddechrau yn San Fransisco yr eglwys ryngddiwylliannol a rhyngenwadol gyntaf yn yr Unol Daleithiau.

Yn ei lyfr *'Jesus and the Disinherited'*, sonia Thurman am ddarllen y Beibl i'w famgu a fu'n gaethferch, ac felly na chafodd ddysgu darllen. Mwynhâi hi rannau o'r Salmau, Eseia, a'r Efengylau, ond ni ofynnai iddo fyth ddarllen o lythyrau Paul, ar wahân i'r bennod ar gariad, I Cor, 13. Pan ofynnodd iddi pam, ei hateb oedd y byddai *'old McGhee'*, ei pherchennog gynt, yn trefnu cwrdd i'w gaethweision, ond ei weinidog gwyn ef a bregethai, ac yn aml, meddai hi, pregethai ar Effesiaid 6.5, sy'n dweud wrth gaethweision 'ufuddhewch i'ch meistri daearol mewn ofn a dychryn, mewn unplygrwydd calon fel i Grist.' Dywedai wrthynt y caent nefoedd yn wobr os byddent yn gaethweision da. Penderfynais, meddai'r hen wraig, pe down yn rhydd, a dysgu darllen, na ddarllenwn yr adnodau hynny fyth.

Ar ei orau, ymgodai Paul uwchlaw rhaniadau o bob math, ond weithiau dywedai bethau y gallai Cristnogion gormesol eu defnyddio, ac yr oedd amwysedd ynddo ynghylch caethwasiaeth. Eithr yr oedd amwysedd yn rhan o'i brofiad sylfaenol o fywyd. Yr oedd yn Iddew, yn un o leiafrif yn yr Ymerodraeth Rufeinig, ond yr oedd hefyd yn ddinesydd Rhufeinig a feddai freintiau'r mwyafrif ynddi. Fel Iddew gallai milwr Rhufeinig ei gamdrin, ond fel dinesydd Rhufeinig gallai gwyno a mynd â'i gwyn hyd yn oed at yr Ymherawdr yn Rhufain. Weithiau felly dywedai Paul bethau na ddywedai neb a berthynai i leiafrif yn unig. (Amheua rhai ysgolheigion heddiw ai Paul oedd awdur rhai o'r dywediadau hynny.)

Nid oedd amwysedd ym mhrofiad sylfaenol Iesu o fywyd. Fel Iddew, perthynai i leiafrif gorthrymedig yn unig. Trigai mewn gwlad dan sawdl y pŵer militaraidd mwyaf a welsai'r byd tan hynny. Yr oedd garsiynau Rhufeinig ymhob tref. Cerddai milwyr estron y strydoedd, a phe gwthiai milwr Rhufeinig ef i'r ffos, ni allai gwyno, dim ond un Iddew arall yn y ffos fyddai hynny. Dau gwestiwn mawr i'r genedl Iddewig oedd, yn gyntaf, sut y medrwn ni ddal yn bobl, sut y gallwn ni gadw'n hunaniaeth ieithyddol a diwylliannol a chrefyddol, pan nad oes gennym bŵer gwleidyddol. Yn ail, sut y gallwn ni ymateb i'r Rhufeiniaid mewn ffordd â sail foesol iddi, ffordd sy'n ein gadael â digon o hunan-barch i wneud bywyd yn werth ei fyw. Yn erbyn y cwestiynau hyn â'u holl demtasiwn i deimlo'n ddig a chwerw y lluniodd Iesu ei gymeriad. Yn erbyn y cwestiynau hyn y lluniodd y foeseg gariadlon sy'n galon ei neges, meddai Thurman.

Pobl a berthynai i leiafrif yn unig oedd duon taleithiau deheuol yr Unol Daleithiau hefyd, pobl orthrymedig heb unrhyw amwysedd yn eu profiad sylfaenol hwythau o fywyd. Gallent uniaethu'n gyfangwbl â brwydr Iesu. Nododd Thurman dri chythraul sy'n poeni a themtio'r gorthrymedig - ofn, twyll, a chasineb, ac wedi eu dadansoddi cynigiodd atebion iddynt a dynnodd allan o frwydr Iddewig Iesu yn ei gyfnod ef. Dysgodd Luther King oddi wrth Thurman mai neges ac aberth Iesu'n dod atom drwy amgylchiadau ei wlad ef yn ei ddydd ef yw calon yr efengyl.

Hiliaeth Fodern

Un o brif ffurfiau hiliaeth heddiw yw'r edrych i lawr ar bobl liw gan bobl wynion. Tyfodd y wedd fodern hon arni allan o ddatblygiadau gwyddonol a thechnolegol a diwydiannol dros y tair canrif ddiwethaf a alluogodd bobl wynion i fod ar y blaen i weddill pobloedd y byd yn filitaraidd, yn economaidd, ac yn fasnachol, a thrwy hynny drechu gwledydd eraill a'u troi'n ymerodraethau iddynt. Mae'r ffurf hon ar hiliaeth felly'n seiliedig, yn hanesyddol, ar fathau o ragoriaeth ddiwylliannol a barhaodd cyhyd, nes cynhyrchu tuedd ddofn yn niwylliant y gwynion i edrych i lawr ar frodorion gwledydd eraill - ac i fod yn ddall i unrhyw ragoriaeth a berthynai i'w diwylliant hwy.

Parhaodd y duedd hon hyd heddiw, a hyd yn oed ymhlith gwynion Gorllewinol na ddymunent fod yn gaeth iddi. Cofiaf ddisgybl ysgol uwchradd yng Nghwm Tawe'n gofyn i aelodau panel holi-ac-ateb, eu barn ynghylch ymweliad tîm rygbi o

Gymru â De Affrica yn nyddiau *apartheid*. Yn ei ateb yn erbyn yr ymweliad, dywedodd un o'r panel, Jack Maunder, comiwnydd a chynghorwr lleol, a'r mwyaf gwerinol o ddynion, "A dweud y gwir mae gen i gymaint o barch at ddynion du fel ei bod hi'n gas gen i eu galw'n ddu." Bûm innau fyw ar stryd yr oedd un dyn du'n byw arni, ac weithiau, wrth fynd heibio iddo, yr oedd yn anodd peidio â gorgysylltu ag ef. Ond cofiaf hefyd gerdded stryd llond pobl o bob lliw a llun yn San José, prifddinas Costa Rica, a sylweddoli mai fi oedd yr unig ddyn gwyn yn y golwg, nad oedd neb o'm cwmpas yn malio taten bôb beth oedd fy marn na'm rhagfarn i am neb na dim. Am eiliad ogoneddus, teimlais yn gwbl, sicr rhydd o'r smicyn lleiaf o fwrdwn hiliaeth.

Ond yn y diwedd, ffurf amlwg yw hiliaeth seiliedig ar liw croen, ar bob edrych lawr ar bobl, am ba reswm bynnag - cefndir, cenedl, teulu, addysg, tlodi, anallu, anfantais, rhywioldeb, henaint. Daeth Luther King ei hun gydag amser yn fwy ymwybodol o 'gydgyswllt pethau'. Siaradai wedyn yn erbyn popeth a gyfyngai ar fywydau pobl - rhyfel, diweithdra, materoliaeth, tlodi, llwytholdeb, rhagfarn, anghyfiawnder - beichiau'r 'Difreintiedig' y soniodd Thurman amdanynt.

Gwraidd pob difreinio, meddai Thurman, yw gwahanu pobl. Mae gwahanu'n ddymunol weithiau. Ar adegau bydd yn dda gennym gael ffrindiau, tylwyth, cymdogion, cydweithwyr, cyfoedion a chyd-Gymry i ni ein hunain - i rannu atgofion, i gydnabod arferion a gwerthoedd, i fwynhau rhwydwaith o gysylltiadau, neu i gyfathrebu yn ein hiaith ein hunain. Ond, weithiau, gadawn i wahaniaethau rhyngom fynd yn bwysicach na thebygiaethau dyfnach. Yn lle bod yn ddiddordeb a mwynhad, bydd gwahaniaethau wedyn yn troi'n rhwystrau sy'n arwain at gamddealltwriaethau, ac os gwelwn ein grŵp ni fel y patrwm, gall eraill ymddangos yn od, hyd yn oed yn isradd. Pan fydd grŵp fel yna ar y brig, ei duedd yw cadarnhau ei safle, creu strwythurau i gynnal ei barhad, a gwneud nodweddion y grŵp yn fesur o werth dynol. Golwg y grŵp hwnnw sy'n diffinio natur realiti cymdeithasol wedyn, a gall y rhai a ystyrir yn isradd dderbyn eu hisraddoldeb tybiedig. Flynyddoedd yn ôl rhoddwyd lluniau o faban du a baban gwyn ochr yn ochr, eu dangos i blant du yn America, a'u holi pa un oedd brydferthaf. Yn ddieithriad dewisent y plentyn gwyn. Gall rhai a ystyrir yn isradd gael eu barnu'n fygythiad i'r grŵp ar y brig, fel rhai y mae angen eu gwasgu felly, eu rhoi o'r neilltu - a hyd yn oed, fel y dengys hanes, eu difetha.

Hiliaeth a Hunanbarch

Edrycha'r mwyafrif ohonom lawr ar rywrai, pe na bai, fel y dywedodd digrifwr, ond ar rai sy'n edrych lawr ar rywrai. Mae eisiau i ni i gyd ddod i delerau â'r angen i edrych lawr ar eraill. Yn y diwedd, mater yn ymwneud â hunan-barch yw hynny. Gwaetha'r modd, nid oes llawer ohonom â hunan-barch gant y cant, rhywle ar raddfa o 1 - 10 yr ydym i gyd. Cymharu'n hunain yn ffafriol i eraill yw un ffordd o geisio gwella'n hunan-barch, yr hyn a alwodd yr athronydd Robert O. Roberts yn 'ganibaliaeth ysbrydol'. Ffordd ansicr a diraddiol o gael hunan-barch! Gall perthynas bersonol roi cyfle dros amser i debygiaethau dwfn ddod i'r golwg, ond ni ddigwydd hynny mor rhwydd rhwng grwpiau. Mae'n rhwyddach i grwpiau sy'n edrych lawr ar eraill i osgoi cael eu herio.

Yr Isel Rai

Mae ar ein byd ni angen dinasyddion sy'n deall nad yw henaint yn gwneud neb yn annheilwng, nad pobl anweledig yw'r anabl, nad yw pob cardotyn yn ddiwerth, bod angen rhai menywod am gydraddoldeb yn haeddu sylw, bod gan blant hawliau, nad oes bai ar bob un sy'n fethiant ym marn cymdeithas, nad oes gan y mwyafrif ohonom ddewis ynghylch gogwydd ein rhywioldeb. Mae dylanwadau cryf a all ein cadw rhag bod yn ddinasyddion cystal â hynny. I'w gwrthsefyll bydd yn rhaid i ni ddymuno eu gwrthsefyll yn fawr iawn. Bydd yn rhaid i ni fynd allan o'n ffordd i glywed straeon rhai sy'n dioddef, a sylweddoli na ddeallwn ni fyth eu teimladau'n iawn efallai.

Bydd straeon rhai ohonynt yn drist, hyd at ddagrau. Blwyddyn wedi i Martin Luther King gael ei saethu, euthum i astudio yn yr Unol Daleithiau. Trefnodd y corff a oedd yn fy noddi, i mi fynd, cyn i'r coleg agor, gyda myfyrwyr tramor eraill, i gwrs ym Mhrifysgol Drew, ym Madison, ychydig islaw Efrog Newydd. Yno cyflwynwyd agweddau o'r diwylliant Americanaidd i ni. Yr un olaf oedd lle'r dyn du yn yr Unol Daleithiau. Darllenodd un siaradwr soned gan Countee Cullen, dyn du a ysgrifennai yn nauddegau'r ganrif ddiwethaf, ac a astudiodd y clasuron yn Harvard. Ni allwn fynd i'm gwely y noson honno heb ei chyfieithu:

Syndod

Fe gredaf fi fod Duw yn ffein a chall,
A phe dewisai, medrai ddweud o'i nef
Paham mae'r wadd yn byw mewn twll yn ddall,
A pham mai llwch fydd cnawd a greodd Ef,
Egluro'r rheswm fod Tantlws blin
Yn cael ei boeni gan y di-ddal ffrwyth,
Esbonio hefyd ffawd Sisiffws crin
Yn dringo grisiau dibendraw â'i lwyth.
Annealladwy yw Ei ffyrdd, a'i rawd
Yn ddiogel rhag holiadau llwch y llawr,
Sy'n rhygnu gormod ar ofidiau tlawd
I fedru deall dim o'i feddwl mawr.
Ond i mi, mae un peth sy'n syndod glân:
Creu bardd yn ddu, a disgwyl ganddo gân.

Gweithredoedd chwyldroadol fydd dweud rhai o ddioddefwyr ein byd. Efallai y bydd yr hyn a ddywedant drwy hynny'n anodd i'w glywed, yn anodd dygymod ag ef, ac yn anos i'w dreulio.

Ffrwyth Ymdrechion King

Saethwyd Martin Luther King yn farw'n hwyr y dydd, Ebrill 4, 1968, ar falconi y *Lorraine Motel* (amgueddfa nawr i fudiad iawnderau dynol) ym Memphis, Tennessee lle'r aethai i arwain gorymdaith dros amodau gwaith gwell i gasglwyr sbwriel yno.

(Yr oedd eisoes wedi ei wahodd i bregethu ym Mhedwaredd Gymanfa Cyngor Eglwysi'r Byd yn haf 1968 yn Uppsala, Sweden.)

Wedi ei farw, er i'w ymgyrch yn erbyn gwahanu du a gwyn ar y bysiau arwain at benderfyniad gan Uchel Lys y wlad bod hynny'n anghyfreithiol, ac at ddeddfau newydd ynghylch iawnderau dynol a'r hawl i bleidleisio, collodd rhai o'r duon eu ffydd yn ei ddulliau a'i amcanion oherwydd bod cymaint o waith ar ôl ym myd hawliau dynol a hiliaeth yn yr Unol Daleithiau,. Daeth math arall o arweinydd du i'r amlwg, fel Stokey Carmichael, James Foreman, a Malcolm X. (Nid oedd gan gaethwas gyfenw, felly pan ryddhawyd ef cymerai gyfenw ei gyn-feistr. Ffordd Malcolm o nodi bod ei enw ei hun wedi ei gymryd oddi arno, ac o wrthod cyfenw hen feistr ei deulu, oedd yr X). Ffurfiwyd mudiadau fel *Black Power*, ac weithiau codwyd amheuaeth ynghylch faint o newid a wnaethai Martin Luther King i fywyd y duon. Ond dyma eiriau cydweithiwr iddo, Andrew Young (yntau'n weinidog), a fu'n llysgennad yr Unol Daleithiau i'r Cenhedloedd Unedig, i gyfarfod o weinidogion yn Fflorida pan oedd yn faer Atlanta.

"Cofiaf yrru drwy Atlanta, Georgia, yn hwyr un noson ym 1950, yn chwilio am gartref gweinidog du yr oeddwn i aros gydag ef. Bryd hynny, Atlanta oedd y lle peryclaf yn America i ddyn du yrru drwyddo wrtho'i hunan yn y nos, ac yr oedd arswyd arnaf. Pe sibrydai'r Duw Hollalluog yn fy nghlust y noson honno, 'Andy, dylet ti arafu nawr ac edrych o gwmpas. Rhyw ddydd ti fydd maer y ddinas hon', byddwn wedi bloeddio - 'Efallai mai ti yw'r Duw Hollalluog, ond rwyt allan o dy bwyll.' Eto, edrychwch ar Atlanta nawr, ac ar fy ngwaith i yno. Nid 'We shall overcome' yw hi mwyach, ond 'we are overcoming'".

Ni bu deheudir yr Unol Daleithiau, ni bu'r Unol Daleithiau, yr un fath wedi i Martin Luther King a'r mudiad a arweiniodd wneud eu datganiad. Lle bu cwmnïoedd masnachol o ogledd y wlad yn anfodlon mynd â'u busnes i'r taleithiau deheuol cyn hynny, oherwydd y gymdeithas ranedig afiach yno, heddiw mae cymdeithas ac economi'r taleithiau deheuol yn fwy agored a chroesawgar. Cafodd ymdrechion Luther King a'i ddilynwyr ddylanwad y tu hwnt i'r Unol Daleithiau hefyd. Ysbrydolwyd lleiafrifoedd ar draws y byd gan ei ddulliau a'i amcanion a'i lwyddiant. Aeth *'We Shall Overcome'* yn eiddo cwmnïoedd aneirif a ymladdai yn erbyn gormes, a dysgodd plant yng Nghymru eiriau'r anerchiad *'I have a dream'*, yn Gymraeg.

Parhad Hiliaeth

Ond ni ddaeth hiliaeth i ben yn America nac yn unman arall, nac yn y byd na'r betws. Ym 1975, saith mlynedd yn unig wedi marw Luther King, ym Mhumed Gynhadledd Cyngor Eglwysi'r Byd yn Nairobi, mewn cyfweliad a recordiwyd ar dâp gan Elwyn Jones, BBC Cymru, disgrifiodd Philip Potter Brydain fel gwlad *'racist'*. Fe oedd Ysgrifennydd y Cyngor. Clywodd gohebydd arall Elwyn yn chware'r tâp yn ôl, ac ymddangosodd sylw Potter drannoeth ar dudalen blaen papur dyddiol y gynhadledd. Dewisais i dri dyn du yn y gynhadledd a ystyriwn yn gymedrol, a'u holi am eu hadwaith i sylw Potter. Cytunai'r tri ag ef yn llwyr. Ond cyn i mi orffen fy ymchwil fach bersonol i yr oedd Archesgob Caergaint, Donald Coggan, yntau yn y gynhadledd, wedi gwadu'r cyhuddiad ar goedd heb fynegi na gofid am y posibilrwydd, nac archwilio i'r mater, na chysylltu â Potter, heb sôn am gysylltu â chynrychiolaeth eglwysi Prydain.

Ac arweiniodd llwyddiant Martin Luther King at adweithiau hiliol yn nhaleithiau deheuol yr Unol Daleithiau, hen gartref caethwasiaeth. Mewn rhifyn diweddar o *Theology Today*, dadleua Peter Paris, Athro Moeseg Coleg Diwinyddol Princeton, nad oedd America'n barod am Martin Luther King a'i neges. Pan arwyddodd yr Arlywydd Democrataidd Lyndon Johnson Ddeddf Iawnderau Dinesig ym 1969, blwyddyn wedi marw King, symudodd gallu gwleidyddol yn nhaleithiau deheuol America o ddwylo'r Democratiaid i ddwylo'r Gweriniaethwyr, gyda chanlyniadau negyddol iawn i'r ymgyrch yn erbyn hiliaeth yno. Strategaeth negyddol fu gan Nixon yn y de ym 1968, a *'benign neglect'* gafwyd gan Ronald Reagan ym 1979. Yn ei ymgyrch Arlywyddol ef yn erbyn George Dukakis ym 1988, defnyddiodd George Bush luniau o dreisiwr du a ryddhawyd gan Dukakis, ac wedi ei ethol yn Arlywydd apwyntiodd farnwr du ceidwadol, Clarence Thomas, i'r Uchel Lys, yn lle Thurgood Marshall, pleidiwr iawnderau dinesig. A dyna siniciaeth ei fab, George W., yn rhoi tri pherson du yn ei gabinet, tra'n gwrthwynebu *'affirmative action'*.

Bellach, etholwyd Barack Obama yn Arlywydd America. Nid disgynnydd caethweision mohono ef, fel mwyafrif duon America, ond dyn o waed cymysg a fagwyd yn Hawaii, ynys yr oedd duon a gwynion yn lleiafrifoedd ynddi. Dyn yw hefyd a addysgwyd yn Harvard, coleg cyntaf America o ran hanes a bri. O gofio'r twrw yn y Wasg ym 1901 pan wahoddodd Teddy Roosevelt y dyn du cyntaf i fod yn ŵr gwadd yn y Tŷ Gwyn - Booker Washington - ac o gofio trafferthion y dyn du y degawdau ers hynny, bu llwyddiant Obama'n gam ymlaen aruthrol ym mywyd gwleidyddol a chymdeithasol ei wlad. Ond mae cyfartaledd yr Americaniaid du sy'n dlawd, mewn carchar, heb waith, yn afiach, yn marw'n gynnar, ac yn methu'n addysgol, yn dal yn broblem fawr yno.

Nid brwydr unwaith ac am byth yw'r frwydr i greu byd cyfiawn, byd y mae pawb ynddo'n cael ei barchu a'i werthfawrogi. Gelwir ar bob cenhedlaeth i ymladd y rhwystrau i'r math hwnnw ar fyd yn ei dydd hi a'i lle hi. Ond rhaid cofio bob amser y geiriau a ddefnyddiodd Martin Luther King i ddisgrifio'r ymdrech i adeiladu byd felly - *'a beautiful struggle'*.

Rhyw

Cristnogion a Rhyw

Am fod rhyw'n hanfodol i barhad yr hil ddynol, diogelodd natur, meddai gwyddonydd ar y teledu pa ddydd, fod y chwant rhywiol gyda'r mwyaf grymus, ac y gall ei fodloni fod yn bleser eithriadol. Yr ochr arall i'r geiniog yna, meddai'r seiciatrydd Scott Peck, yw fod rhyw yn un o broblemau mwyaf unigolion a chymdeithas. Fel pe bai eisiau seiciatrydd i ddweud hynny wrthym!

Mae'r Beibl yn ymwneud â chyfanrwydd bywyd, ac felly mae llawer o sôn ynddo am ryw. Clywais am hysbysiad mewn papur Sul un tro'n addo i'r neb a yrrai bum punt, lyfr o straeon am ladd a thrachwant - a nwyd. Y gyfrol a dderbyniai'r sawl a ddanfonai bum punt oedd y Beibl.

Bu gan Gristnogion agwedd amheus at ryw erioed. Un rheswm yw'r gwahanu rhwng corff ac ysbryd a nodweddodd y byd Cristnogol am hydoedd, a'r dyfarniad bod y corff nid yn unig yn isradd i'r ysbryd ond yn elyn iddo. A chan yr ystyrid rhyw yn wedd gorfforol ar fywyd, rhywbeth i'w ddioddef fel tuedd anochel fu rhywioldeb yn aml, neu'n well, rhywbeth i'w drechu. Y modelau perffeithiaf o fywyd Cristnogol yn y Canol Oesoedd oedd y mynach a'r lleian. Os am ffordd siŵr i'r nefoedd, y bywyd diwair amdani.

Yn y Gorllewin, ychwanegwyd at yr agwedd negyddol hon tuag at ryw, gan Oes Victoria, pan ystyriai dosbarth canol newydd uchelgeisiol, fod nwydau rhywiol yn rhwystr i ymroddiad a llwyddiant. Yn y cyfnod hwnnw daeth gwedduster hefyd yn agwedd sylfaenol at ryw. Mae hynny'n ymateb addas iddo - sonia Paul am Dduw'n 'roi parchusrwydd neilltuol i'r aelod (o'r corff) oedd heb ddim parch' (1 Cor 12.24). Ond gall gwedduster fynd dros ben llestri, a chuddio materion y byddai'n dda eu trafod. Ymagweddent mor bropor at ryw yn Oes Victoria fel y cuddient hyd yn oed goesau ford!

Wedi 64 o flynyddoedd ar yr orsedd, bu farw Victoria ym 1901, ond parhaodd dylanwad ei chyfnod. Ym 1936 edrychai eglwys ganolog Methodistiaid Lloegr, *Wesley Chapel* yn *City Road* yn Llundain, am weinidog. Leslie Weatherhead oedd y posibilrwydd gorau o ddigon, un wedi cyhoeddi llyfrau, yn bregethwr cymeradwy, yn enwog y tu hwnt i'w enwad, ac yn eiddgar i fynd yno. Ond er ei feddwl disglair, ei bersonoliaeth hawddgar, ffyddlondeb ei wasanaeth a'i ofal bugeiliol, ni ystyriai'r rhai a oedd yn gyfrifol am alw gweinidog i Gapel Wesley ei fod yn gymwys. Ei anghymhwyster oedd iddo gyhoeddi llyfr ym 1931, gyda meddyg, yn dwyn y teitl '*The Mastery of Sex through Psychology and Religion*'.

Yr Eglwysi a Rhyw

Ymddengys fod y gwrthgyferbyniad rhwng corff ac enaid, a dylanwad Oes Victoria, yn dal eu gafael ar drwch eglwysi ac enwadau Cymru. Mae'r Presbyteriaid, chware teg i ba rai bynnag a gododd y mater, wedi gyrru holiadur i'w heglwysi ynghylch rhoi bendith ar uniad sifil rhwng dau o'r un rhyw. Ond ar wahân i hynny, a barnu oddi wrth bregethau, anerchiadau, cyhoeddiadau, a thrafodaethau mewn eglwysi, nid yw'r reddf rywiol yn bod. Eto, mae gweinidogion nawr yn priodi parau fu'n byw ynghyd ers amser, ac weithiau mae'n debyg, parau a fu'n byw gyda phartneriaid eraill. Byddai'r peth yn annichonadwy ddeugain mlynedd yn ôl. Gellid tybied felly y dywedai rhywun air y naill ffordd neu'r llall ar goedd yn rhywle ynghylch newid mor chwyldroadol. Ond na, mudandod 'mal mudandod Eryri' piau hi.

Eithr newidiodd y byd ar garlam ers amser ynghylch materion rhywiol yn gyffredinol. Yn sgîl newidiadau fel annibyniaeth menywod, dulliau gwrthgenhedlu, chwalu hen batrymau, cyfreithloni erthylu a hoywder, mae cyfathrach rywiol y tu allan i unrhyw berthynas ystyrlon yn gyffredin bellach. Mae hefyd raglenni teledu cignoeth iawn ambell noson ynghylch ymestyn pleserau rhywiol. Wedi i Richard Dawkins yn ei lyfr 'The Selfish Gene' ddisgrifio'r creadur unigol fel peiriant rhywiol y mae un genyn yn gwneud genyn arall drwyddo, aeth athroniaeth mwy personol Freud yn ddieithr. Nid yn unig diflannodd gwedduster wrth drafod ac ymwneud â rhyw, nid oes dirgelwch na rhyfeddod yn ei gylch nawr, cafodd ei ddadfythu.

Duw a Rhywioldeb

Un canlyniad yw bod trafod nawr ar rywioldeb Duw! Mae duwiau Groegaidd ac Indiaidd yn fodau rhywiol. Ni chânt eu geni yn yr ystyr o feichiogi, ac esgoriad poenus yn dilyn, ond syrthiant mewn cariad rhywiol. Ond nid yw Duw'r Beibl, y Duw Islamaidd ac Iddewig a Christnogol, yn fod rhywiol. (Yn ei lyfr 'Christ', dywed Jack Miles y gellid defnyؤdio'r ffaith honno i ddadlau mai un a ddatgelodd ei hun i ni yw Duw'r Beibl, nid un a grëwyd gan ddynion ar eu delw eu hunain, oherwydd pwy wrth lunio Duw ar ddelw dyn a adawai ryw allan?)

Ond pam nad yw Duw'r Beibl yn rhywiol, fel duwiau Groegaidd ac Indiaidd? Efallai i awduron yr Hen Destament, yn wahanol i ddysgawdwyr crefyddau eraill, sylweddoli na allai rhyw berthyn i dduw anfarwol, oherwydd mae popeth rhywiol yn marw. Dyna efallai pam y cysylltodd Israel Dduw â phethau fel y gwynt nad yw nac yn rhywiol nac yn trengi. Yn Genesis 3, 22-24, lle mae Adda newydd fwyta o'r afal, a thrwy hynny ymwybod â byd rhyw - dyna pryd y sylweddolodd ei fod yn noeth - mae Duw'n ymyrryd ac yn ei rwystro rhag bod yn anfarwolyn hefyd.

Mynegiant mytholegol o'r ffaith nad yw rhywioldeb ac anfarwoldeb yn mynd gyda'i gilydd, yw'r hanes yn Genesis:6,1-4 lle mae fersiwn Semitaidd o dduwiau rhywiol, y Neffilim, yn cael eu darostwng gan ymyrraeth Duw. Yn ôl yr hanesyn hwn nid oes sôn am 'ferched Duw' y gallai 'meibion Duw', y Neffilim, gael perthynas rhywiol â nhw. Darganfyddant ryw wrth gyfarfod â merched dynion. Ond gallai plant cyfathrach rywiol rhwng 'meibion Duw' a merched dynol etifeddu anfarwoldeb oddi wrth eu tadau a rhywioldeb oddi wrth eu mamau! Byddent felly'n debyg i dduwiau Groeg ac India. Ond yn yr hanesyn hwn ni chaniatâ Duw i'r dosbarth newydd hwn fod yn anfarwolion. Mae'n dedfrydu iddynt fywyd hir, ond un â therfyn iddo. Gall Duw dderbyn anfarwoldeb, a gall dderbyn rhywioldeb, ond ni all dderbyn uniad o'r ddau.

Ni all rhywioldeb fodoli yn ei natur anfarwol ef chwaith felly. Yn yr Hen Destament disgrifir pobl Dduw, Israel, yn eu perthynas â Duw, fel merch a adawyd, fel gwraig ifanc ddeniadol, fel putain, fel priodferch, fel gwraig, fel mam ei blant, fel gwraig anffyddlon a adawyd i raib a gwarth rhywiol, ac fel gwraig hynafol yr ysgarodd Duw hi ac yna ei hailbriodi a'i chymryd yn ôl i'w gartref. Ond metafforau yw'r rhain i gyd. Nid oes gan Dduw wraig ddwyfol, mae ef yn ddiwair oblegid efe yw'r unig un o'i fath.

Beth felly feddyliai Duw'r Beibl am gyffro rhywiol dynol? Yn ôl rhai adnodau ymddengys ei fod yn ei ffieiddio - gweler Jer13:27, Eseciel 16:25-26 a 23:19-23. Condemnia'r adnodau hyn wrthgiliad pobl Israel oddi wrth Dduw drwy ei gymharu â glythineb benywaidd, a chyflwynir y weithred o gyplysu fel rhywbeth anifeilaidd. Ar y llaw arall, am ganrifoedd defnyddid un o lyfrau'r Hen Destament, Caniad Solomon, cân serch secwlar nad oes sôn ynddi am Dduw, fel alegori o berthynas Duw â phobl Israel, neu'r Eglwys, neu'r enaid unigol. Mae'r gân hon yn werthfawr wrth ystyried agwedd Duw'r Beibl at nwyd rhywiol, oherwydd gall fod yn ôl-nodiad helaeth i safbwynt Jeremeia ac Eseciel. Mae'r cyffro rhywiol oedd yn wrthnysig yno, yn brydferth yma. Cyflwyna'r gân foddhad rhywiol fel moethusrwydd godidog, fel pleser pur ynddo'i hun - yn hytrach na chyfrwng cenhedlu. Aeth y ddedfryd yn Genesis 3.16, geiriau Duw i Efa wedi'r Cwymp, dros gof. Naws hyfrydwch a llawenydd sydd yma, nid 'poen a gwewyr'.

Rhywioldeb Iesu

Pwnc trafod arall cyfoes yw rhywioldeb Iesu. Geilw awdur efengyl Ioan ef yn briodfab. Nid oes priodferch gyffredin ar y gorwel, felly rhaid mai awgrymu y mae Ioan fod Iesu, fel Duw, yn briodfab metafforaidd. Ond gan mai person gwrywaidd yw Iesu, ni all hyd yn oed y defnydd o'r gair priodfab amdano fel metaffor, beidio o leiaf â thynnu sylw at ei rywioldeb.

Ar sail y ffaith na ddywedir wrthym ei fod yn briod, mewn cyfnod a chymdeithas y byddai'n arferol i ddyn o'i oedran ef fod yn briod, cododd rhai y blynyddoedd diwethaf hyn y cwestiwn a oedd Iesu'n hoyw. Ni allwn, wrth gwrs, wadu rhywbeth nad yw'r Testament Newydd yn sôn amdano, ond ni allwn chwaith haeru rhywbeth nad yw'r Beibl yn dweud yr un gair yn ei gylch. Ond yn sicr, ysgrifennwyd yr efengylau ar adeg pan ystyrid, yn y diwylliant Groegaidd a oedd ar y brig bryd hynny, mai diweirdeb oedd y cyflwr propor i unrhyw athronydd. Yr oedd cyffro rhywiol i'w osgoi fel distyrbans o'r *ataraxia*, gair Groeg sy'n golygu'r tangnefedd mewnol a oedd yn binacl doethineb. Nid yw'n gwbl amhosibl felly fod yr efengylwyr, yn ysgrifennu mewn Groeg i siaradwyr Groeg, wedi dewis darlunio Iesu fel pe bai'n ddiwair, oherwydd mai felly yr arferid darlunio doethion yn y diwylliant Groegaidd.

Cododd rhai'r cwestiwn, a oedd yn bosibl i un a oedd yn Fab Duw gael perthynas rhywiol. Pan gyfarcha Ioan Fedyddiwr Iesu fel priodfab (Ioan 3.29), mae'n debycach mai rhywioldeb hyfryd a llawen Caniad Solomon yn hytrach na rhywioldeb glwth, ffiaidd Jeremeia ac Eseciel fyddai cefndir y metaffor. Os felly, a oes unrhyw reswm pam na allai Iesu fod yn briodfab llythrennol yn ogystal ag un ysbrydol? Oni ellid cynnwys y fath weithred yn, er enghraifft, yr emyn Cristnogol cynnar yn Philipiaid (2:5-8) - 'O'i gael ar ddull dyn,...'

A chan fod a fynno'r Ymgnawdoliad mwy â grym a gwendid

nag â boddhad ac atalnwyd, mae'n fater mwy ei bwys i Iesu ddod i'n byd yn faban diymadferth nag iddo fod yn gariad i ryw wraig. Os yw Iesu'n cymryd rhan ym mhroses bywyd yr hil ddynol drwy ei eni dynol, pam na all ef ganiatáu iddo'i hun gymryd rhan ymhellach drwy briodas ddynol? A fyddai profiad rhywiol yn fwy amhriodol na'r profiad o eni? Canmolodd diwinyddion Dduw am ddarostwng ei hun i enedigaeth ddynol naturiol. A fyddent wedi atal eu canmoliaeth pe bai ffrwyth y geni wedi mynd ymlaen i gyflawni priodas ddynol gyffredin?

Cyflwynir Iesu hefyd fel cyferbyniad i Ioan Fedyddiwr mewn rhai ffyrdd. Daeth Ioan heb fwyta nac yfed, meddir, ond daeth Iesu'n bwyta ac yfed (Mt:11:18,19.). Ond yr oedd Ioan yn ddiwair. A ddylid cyferbynnu Iesu ag ef yn hynny hefyd - o ran egwyddor ac ysbryd o leiaf? Ni wyddom iddo gymryd llw o ddiweirdeb, ac yr oedd ganddo ddisgyblion priod nad oes sôn amdanynt yn byw'n ddiwair wedi iddynt ei ddilyn.

Gellid ystyried bod Iesu'n awgrymu rheswm dros ddiweirdeb, wrth iddo ateb cwestiwn sy'n cysylltu rhywioldeb a moesoldeb mewn ffordd fwriadol ddadleuol. Sadwceaid a ofynnodd y cwestiwn iddo. Ni chredent hwy mewn atgyfodiad fel y gwnâi'r Phariseaid, a'r cwestiwn a ofynnent i Iesu oedd un a ofynnent yn rheolaidd i'r Phariseaid. Yn y gymdeithas honno, pan fyddai dyn farw, a gadael ei wraig yn ddi-blant, yr oedd disgwyl i'w frawd briodi'r weddw a chodi etifedd i'w frawd a fu farw. Y cwestiwn felly oedd, os oes saith brawd, a phob un yn ei dro'n priodi'r weddw ac yna'n marw, gwraig pwy fydd hi yn yr atgyfodiad? (Luc 20:27-36). Yn wyneb y cynnydd mewn ysgariad ac ailbriodi y dyddiau hyn, mae hwn yn gwestiwn cyfoes! Ateb Iesu yw na fydd y rhai a atgyfodir yn priodi (dynion), nac yn cael eu rhoi mewn priodas (menywod), oherwydd byddant yn anfarwol, byddant yn blant i Dduw ac yn gydradd â'r angylion. Dweud mae Iesu yn ei ateb nad yw'r cwestiwn yn gwneud synnwyr oherwydd na fydd priodas yn yr atgyfodiad.

Rhywioldeb Dynol

A beth yw ymateb Cristnogion i'r dadfythu cyfoes yn y byd rhywiol? Tuedd rhai yw dilyn canllawiau'r gorffennol yn gaeth, ond cred eraill bod rhaid chwilio am ffyrdd newydd drwy holl gymhlethdodau'r chwyldro mawr sy'n digwydd ym myd rhyw heddiw, gan geisio'n gorau i ddeall y chwyldro'n well o hyd, ac i weithredu'n onest a theg a chariadus ynddo.

Cyhoeddwyd llu o lyfrau ar y maes gan unigolion. Un ohonynt yw *'New Directions in Sexual Ethics'* gan Kevin Kelly, Athro Moeseg yn Lerpwl. Pabydd yw Kelly a wahoddwyd i fod yn aelod o Cafod, pwyllgor yn perthyn i'w Eglwys ef sy'n ymwneud â 'Datblygiadau Tramor'. Drwy deithio byd i astudio tlodi, darganfu gymaint o rwystr i ddatblygiad yn y Trydydd Byd yw HIV/AIDS. Ei argyhoeddiad ef yw mai dyna un o broblemau mwyaf sylfaenol y byd nawr, ond gwêl yr argyfwng hefyd yn wasgfa arnom ni i agor ein llygaid i holl rychwant problemau rhywiol ein dydd.

Wedi astudio'r argyfwng yn Uganda ac Indonesia a De Affrica, ei gasgliad yw mai'r drwg moesol mwyaf ym myd rhywioldeb ar raddfa fyd-eang yw patriarchaeth, y drefn gymdeithasol sy'n gwneud gwragedd yn isradd i ddynion. Rhydd enghreifftiau o ganlyniadau hynny. Gwŷr yn anffyddlon i'w gwragedd mewn cymdeithasau sy'n caniatáu penrhyddid rhywiol i'r gŵr, ond sy'n disgwyl ffyddlondeb i'r eithaf oddi wrth wraig. Deuthum ar draws y sefyllfa hon fy hun yng nghefn gwlad Uganda; y gwŷr yn ymweld â phuteiniaid yn Kampala, y brifddinas, yn dal HIV/AIDS yno, yna'n dod yn ôl i'w pentref, cael cyfathrach rywiol â'u gwragedd, a gwrthod gwisgo condom, a'r gwragedd, heb na'r gefnogaeth gymdeithasol i wrthod cyfathrach rywiol â'u gwŷr, na'r annibyniaeth economaidd i'w gadael, yn dal HIV/AIDS eu hunain ac yn geni plant yn dioddef ohono. Nid yw gwrthodiad yr Eglwys Babyddol i'w haelodau niferus yn ardaloedd tlawd y byd ddefnyddio condom, yn ddim help. Sonia Kelly am ferched ifainc mewn cymdeithasau lle na allant eu gwella'u hunain yn addysgol, heb ildio ffafrau rhywiol i'w hathrawon.

Mewn rhai gwledydd wedyn mae *'genital mutilation'* o

wragedd yn rhemp. Byddai'n filgwaith gwell, medd Kelly, pe adnabyddid ei Eglwys ef yn Affrica fel llais yn erbyn hynny yn hytrach nag yn erbyn defnyddio condom. Saif yn gryf yn erbyn un o ddadleuon y Pab Ioan Pawl II, sef bod dyn a menyw'n hanfodol gydradd ond yn cyflenwi ei gilydd drwy fod dyn yn arwain a gwraig yn dilyn! A gwrthoda gategorïau fel 'naturiol' ac 'artiffisial' a ddefnyddia'r Eglwys Babyddol i ddadlau yn erbyn dulliau modern o wrthgenhedlu.

Adroddiadau Enwadol

Sonia Kelly hefyd am adroddiadau enwadol a gyhoeddwyd ers rhai blynyddoedd ar wahanol agweddau o ryw. Anodd nawr credu ansawdd y rhai cynnar. Ym 1908 datganodd Cynhadledd Lambeth (cynhadledd fydeang o esgobion Anglicanaidd) bod y defnydd o offer gwrthgenhedlu yn *demoralising to character and hostile to national welfare'* - heb gynnig cyfiawnhad moesol na diwinyddol am eu barn! Yn 1930 newidiasant eu safbwynt, eto heb gyfiawnhad moesol na diwinyddol. Yr oedd y chwyldro rhywiol y tu hwnt i ddeall arweinyddion eglwysig, ac ni allent ond ymateb iddo'n negyddol.

Ond ymhen amser tyfodd y gred nad prif amcan rhyw yw planta, ei fod llawn mor bwysig fel mynegiant o gariad gŵr a gwraig at ei gilydd. Yn wyneb canrifoedd o gredu'r naill, yr oedd hyn yn newid aruthrol. Gydag amser, daeth yr ifanc yn arbennig, (ond nid hwy'n unig) i gredu bod perthynas rhywiol gariadlon yn bwysicach nag ymrwymiad ffurfiol priodas. Codai hynny gwestiynau heriol. A oes gwerth Cristnogol i barhad priodas a beidiodd â bod yn gariadlon, ac os na, a oes gwerth Cristnogol mewn rhwystro perthynas newydd? Ac os perthynas gariadus yn hytrach nag ymrwymiad ffurfiol priodas sy'n bwysig, onid yw'n synhwyrol i ddeuddyn gydfyw cyn priodi i weld a yw hynny'n bosibl iddynt? Onid 'byw'n gyfrifol' yw cydfyw felly, ac nid 'byw mewn pechod'? A beth sy'n gysegredig mewn gwasanaeth priodas beth bynnag? Onid yw byw ynghyd mewn perthynas ffyddlon gariadus yn wir i graidd yr hyn a gred Cristnogion ynghylch rhyw a chariad?

Dyma rai o'r cwestiynau a ddilynai'r gred bod perthynas gariadlon yn bwysicach nag ymrwymiad ffurfiol priodas. Yr adroddiad cyntaf i gydnabod a chroesawu her y gred yna i foeseg rywiol draddodiadol, oedd un answyddogol gan nifer o Grynwyr - 'a group of Friends', ym 1963. Dechreusant drwy gydnabod bod rhyw yn un o ffeithiau grymus ond moesol-niwtral bywyd. Fel Cristnogion llawenhaent ynddo fel rhodd Duw, er ei fod yn rhodd y gellir ei gamddefnyddio. Eu mesur moesol o weithgarwch rhywiol oedd, a yw'n dyrchafu neu'n diraddio ansawdd perthynas. Pwysleisient bwysigrwydd priodas, ond yn y diwedd, gwelent ansawdd perthynas yn bwysicach nag ymrwymiad priodas. Beirniadwyd yr adroddiad hwn yn hallt gan lawer, ond mae'n dal i gael ei gyhoeddi, a derbyniwyd ei brif bwysleisiau mewn Adroddiad gan Gyngor Eglwysi Prydain ym 1983.

Cyhoeddwyd llu o ddatganiadau ac adroddiadau ar ryw gan wahanol enwadau y degawdau diwethaf hyn. Bwriad ambell un oedd bod yn ddatganiad terfynol, yn enwedig rhai gan ryw Bab neu'i gilydd, ond tanseiliwyd ansawdd 'terfynol' y datganiad weithiau. Yn ei lythyr *Humanae Vitae* ym 1968 gwnaeth y Pab Paul VI ddatganiad yn erbyn gwrthgenhedlu 'artiffisial', ond bu rhaid iddo wneud hynny yn groes i adroddiad i'r gwrthwyneb gan gomisiwn a sefydlodd ef ei hun! Hyd yn oed wedyn rhoddodd nifer o'i esgobion ddewis cydwybod i'w preiddiau.

Ond er na chytunant ar bob pwynt, mae tueddiadau'n gyffredin i'r mwyafrif o ddatganiadau ac adroddiadau. Dyma rai o'r tueddiadau

1. Mae deall cynyddol mai wedi eu llunio gan ddiwylliannau gwahanol y mae rhai o'r patrymau byw yr ydym wedi arfer eu cymryd fel pe baent yn dragwyddol. Patrymau ydynt y gallwn eu hail-lunio felly yn ôl fel y gwelwn ni sy'n iawn i'n cymdeithas a'n cyfnod ni. Mae hynny'n wir am briodas, ysgariad, ailbriodi, a chydfyw. Er enghraifft, nid un ffurf ar briodas sydd, hyd yn oed

ymhlith Cristnogion. Darlun rhamantaidd o briodas sydd gennym yn y Gorllewin, ond mae gennyf fi ffrind o Asia sy'n Gristion, ac er ei fod yn byw yn y Gorllewin ers amser, a'i blant yn byw ar draws y byd, teimlodd reidrwydd i chwilio am wŷr i'w cynnig i'w ferched. Ni fyddai'n gorfodi ei ferched i briodi neb, ond ymwelodd â rhiant sawl mab o'i genedl ef (hefyd yn byw ar draws y byd) i drafod priodas bosibl rhwng eu plant, er nad oedd y plant wedi cyfarfod â'i gilydd.

2. Nid peth gwael yw gweithgarwch rhywiol - rhywbeth hanfodol ddrwg i gywilyddio o'i blegid, a'i ddioddef er mwyn cael plant, neu i fodloni chwant a allai heb hynny droi'n broblem. Rhodd Duw yw a all fod yn gyfrwng agosrwydd a thynerwch rhwng personau sy'n caru ei gilydd.

3. Nid rhywbeth yn ymwneud â chorff yn unig yw pleser rhywiol llawn, ond rhywbeth yn ymwneud â pherson. Nid ymwneud â rhan o berson chwaith, fel y gellid ar y naill law 'ddefnyddio' person arall, ac ar y llall gau'r hunan i mewn i fyd bach, cyfyng. Mwynhad yw o berthynas sydd mor agos ag y gall hi fod. Rhaid ei weld felly yng nghydgyswllt ein dymuniad dwfn am y math hwnnw ar agosrwydd, sy'n golygu ymddiriedaeth, a bod yn agored, ac ni ellir cael hynny ond drwy barch at y llall, at ddymuniadau'r llall, a gwerthoedd y llall.

4. Yr awydd am agosrwydd o'r radd yna sy'n gyrru'r ifanc at weithgarwch rhywiol yn aml, ond heb ddeall hynny eu hunain ni wyddant sut mae ei gyflawni, a gyrrant o un berthynas i'r llall yn frysiog ac yn anfedrus. Cred rhai mai'r hyn sydd y tu ôl i lawer o'r penderfyniadau i gydfyw heb briodi yw, ar y naill law, awydd am agosrwydd mawr ag un person arall, ond ar y llall, ofn ac efallai siniciaeth ynghylch yr ystadegau tor-priodas. Mae tuedd hefyd i gydnabod mai protest yn erbyn gormes mewn priodas, a chais i greu perthynas fwy teg, sy'n cyfrif am ddymuniad rhai i gydfyw heb briodi.

5. Creaduriaid cyfain ydym ni, ac mae a fynno rhyw â mwy na gweithgarwch rhywiol. Mae a fynno hefyd â'r holl ffactorau sy'n

gwneud gwŷr a gwragedd yn wahanol - nid yn unig yn gorfforol, ond yn yr elfennau sy'n ein cyflyru i fyw patrymau cymdeithasol a diwylliannol gwahanol. Mae ffactorau felly'n tueddu i'n tynnu allan ohonom ein hunain ac i fwynhau cyswllt cymdeithasol â rhai o'r rhyw arall ar wahân i berthynas rywiol.

6. Ym mhob cylch o fywyd mae ar ddynoliaeth angen ffrwyno a boddio fel ei gilydd, ac mae hynny'n cynnwys gweithgarwch rhywiol. Y mae greddf ddynol wrthrywiol bron mor ddwfn yn y natur ddynol â'r reddf rywiol. Felly daw adegau i'w ffrwyno sydd mor naturiol ac iach ag yw i'w fynegi. Mae a fynno Duw â'r awydd i ffrwyno rhyw yn ogystal â'i fynegi.

7. Mae cyflwr cymdeithas yn effeithio arnom yn rhywiol fel mewn ffyrdd eraill, yn arbennig ar yr ifanc. Un o'r problemau rhywiol heddiw yw'r defnyddio o berson arall i gael boddhad rhywiol heb unrhyw ymrwymiad i'r person hwnnw. Ond mae hynny'n adlewyrchu cymdeithas y mae popeth ynddi bellach, gan gynnwys perthynas rhwng pobl, yn *'disposable'*. Dyna un o broblemau rhywiol ein cyfnod, medd adroddiad Pabyddol - *'disposable relationships'*, a thelir pris mawr amdanynt - drwy gynnydd aruthrol mewn clefydau gwenerol, er enghraifft.

8. Yn fwy a mwy mae prif duedd yr adroddiadau wedi bod yn symud tuag at bwyslais ar ansawdd y berthynas, a gwneud hynny'n brif fesur mewn moesoldeb rhyw - yn hytrach na'r pwyslais traddodiadol ar gael plant. Cwyd hynny gwestiwn hoywder wrth gwrs, ond trafodais hoywder mewn cyfrol arall, (Helaetha Dy Babell, 2004).

Casgliad

Mae cwestiynau mawr a chymhleth ynghylch rhyw'n codi'n fân ac yn aml heddiw, fel na all enwadau bychain, heb sôn am eglwysi unigol, obeithio delio â'u holl agweddau. Ond rhaid gofyn y cwestiwn - a yw unrhyw eglwys neu enwad yn fugeiliol a phroffwydol gyfrifol y dyddiau hyn, ac a oes gobaith ganddi lwyddo yn y modd y dylai, heb ddod o hyd i ffyrdd o gynnig i'w haelodau, yn arbennig y rhai ifainc, unrhyw arweiniad o gwbl (drwy gydweithio ag eglwysi ac enwadau eraill efallai) ynghylch rhai o brif themâu'r chwyldro rhywiol sy'n digwydd yn y gymdeithas gyfoes?

Grasusau

Gwrando

Mae rhai Cristnogion yn barod iawn i sôn am ddigwyddiadau ym mywyd Iesu, yn arbennig ei eni a'i farw a'i atgyfodiad, ond yn llai parod i sôn am bethau a ddywedodd Iesu ei hun. Ymhlith y pethau a ddywedodd ef, rhoddodd gyfarwyddyd ynghylch sut i agosáu at yr efengyl. Un cyfarwyddyd oedd, y dylem nesu ati drwy feddu anian gwrandawyr.

Saith gwaith yn yr efengylau, ar ôl dweud rhywbeth, ychwanega Iesu - "yr hwn sydd ganddo glustiau i wrando, gwrandawed". Mae'n fwy na thebyg iddo yngan yr ymadrodd hwnnw ar adegau eraill hefyd, adegau na chofnodwyd gan yr efengylau. Digwydd yr union ymadrodd sawl gwaith mewn cyswllt â'r Ysbryd yn Llyfr y Datguddiad, ac mae rhagor o gyfeiriadau at wrando yn y Testament Newydd, rhai gan Iesu, rhai gan eraill. Mae llawer o sôn am wrando yn yr Hen Destament yn ogystal.

Ar y wyneb, nid yw gwrando'n gofyn llawer. Nid yw'n ofyn costfawr, fel dywediad Iesu wrth 'ryw lywodraethwr' am iddo werthu'r cwbl a oedd ganddo a'i rannu ymhlith y tlodion (Luc 18:22), ac nid yw'n ofyn heriol, fel ei ddywediad wrth ei ddisgyblion bod rhaid i'r neb a fyn ei ganlyn ymwadu ag ef ei hun a chodi ei groes, (Mathew 16:24). Eto, mae'r ffaith i Iesu gymell pobl gynifer o weithiau i wrando, yn awgrymu nad yw pob math ar wrando mor rhwydd â hynny. Yn wir, rhybuddiodd rai pobl rhag ambell fath ar wrando, gan nodi gwrando heb wneud (Mathew 7:26) a gwrando heb ddeall (Mathew 13:13).

Mae ambell berson, heb os nac oni bai, yn wrandäwr anghyffredin o dda. Clywais am wraig yn dweud wrth wraig arall, "Mae arnaf eisiau siarad â rhywun", a chael y cyngor, "Cer i siarad â hon a hon, mae ganddi hi bâr da o glustiau". Ond mae digon yn ein profiad ni i gyd i'n rhybuddio y gallwn fod yn wrandawyr anghredadwy o wael hefyd. Dyna neges drama un act N. F. Simpson *'Resounding Tinkle'*, a gyfieithiwyd gan Jim Jones a'i chyhoeddi gan Wasg Tŷ John Penri o dan y teitl 'Hollti Blew'. Pobl yn dweud pethau dwl wrth ei gilydd, dwl ynddynt eu hunain, a dwl am nad oes cyswllt rhyngddynt a'r hyn y maent yn ymateb iddo. Eto mae'r sgwrs yn mynd ymlaen fel pe bai pob brawddeg yn llawn synnwyr, sy'n dangos nid yn unig nad ydym yn gwrando ar ein gilydd weithiau, ond nad ydym yn gwrando arnom ein hunain chwaith.

Grym Gwrando

Mae grym annisgwyl i wrando ar adegau. Daeth dyn i'm gweld un tro â chanddo broblem fawr. Eisteddodd o'm blaen, ysgwyddau wedi crymu, ei wyneb yn ofid i gyd, a dechreuodd arllwys ei gŵyn. Siaradodd yn ddi-stop am hanner awr. Yna, a minnau heb ddweud gair eto, goleuodd ei wedd, cododd, ymsythodd, ysgydwodd fy llaw, diolchodd i mi'n frwd, a bant â fe!

Ysgrifennodd Humphrey Southern, esgob Derby, erthygl yn disgrifio dull Rowan Williams o arwain yr Eglwys Anglicanaidd drwy'r trybini y mae ynddo ar hyn o bryd, fel math ar ddiwinydda. Ond nid diwinydda yn y modd y dymuna pobl iddo ei wneud, drwy gynnig datganiadau croyw y gall pawb a phobun wedyn eu trin a'u trafod, cytuno neu anghytuno â nhw, ond drwy fwrw'r gofal yn ôl arnynt hwy - fel y gwnâi Iesu yn ei ddamhegion. Dull Williams, medd Southern, yw gwrando'n daer ei hunan ar bawb, yna egluro beth y gallai ei olygu iddynt hwythau wrando'n daer ar ei gilydd, sef ceisio deall yr union anawsterau y mae'n rhaid i'w gwrthwynebwyr eu hwynebu, anawsterau'n ymwneud â'r gymdeithas y mae'n rhaid iddynt weithredu ynddi, yn ogystal ag anawsterau'n codi o'u deall hwy o'r gwir.

Goblygiadau Gwrando

Nid mater goddefol yw gwrando da. Golyga oresgyn rhwystrau a all amharu ar ein gwrando. Mae ein gallu i wneud hynny'n fesur felly o'n cymeriad. Gall gwrando da olygu gadael i berson sy'n siarad orffen yr hyn sydd ganddo i'w ddweud. Ar wyliau'n ddiweddar, eisteddai fy ngwraig a minnau i swper bob nos gyda phedwar arall. Yn ddi-ffael, torrai un o'r rheiny ar draws pob siaradwr cyn iddo gyrraedd diwedd beth bynnag yr oedd eisiau ei ddweud. Pe dywedech eich bod yr wythnos cyn hynny wedi cwrdd â rhywun na welsoch ers dyddiau ysgol, fel rhagymadrodd i'r hyn yr oeddech eisiau ei ddweud, torrai hi ar eich traws a dweud ei bod hithau hefyd yr wythnos cyn hynny wedi cwrdd â rhywun am y tro cyntaf ers dyddiau ysgol. Gan mai ar ddiwedd brawddeg y mae'r hyn sy'n bwysig ynddi fel arfer, yr wythnos honno ni chlywodd y gweddill ohonom (na hithau) fawr ddim o bwys y bwriadai'r lleill ei ddweud, ac yr oedd hi, i bob golwg, yn mynd drwy ei bywyd heb glywed y pethau pwysicaf y mynnai pobl eu dweud wrthi hi.

Un o'r pwyllgorau gorau y bûm i ynddo erioed oedd un y dywedodd y cadeirydd wrthym cyn dechrau, nad oedd neb i siarad ar ôl rhywun arall, tan i hwnnw godi ei law i ddweud ei fod wedi gorffen. Yr oedd dal yn ôl yn straen amlwg i rai, ond dysgasom i gyd ychydig mwy am wrando. Eithr nid oes rhinwedd mewn gwrando tan i rywun orffen yr hyn sydd ganddo i'w ddweud, os mai aros i ni gael ein pig i mewn y byddwn ni. Yn wir, dylai clywed ambell beth dwys neu arwyddocaol beri i ni roi'r gorau i'r hyn y bwriadem ni ei ddweud, am y tro o leiaf.

Golyga gwrando'n dda hefyd synhwyro pa bryd i beidio ag ateb cwestiwn a ofynnir i ni. Cofiaf wraig ifanc yn dweud wrthyf ei bod hi'n ystyried ymuno â'r eglwys yr oeddwn i'n weinidog iddi ar y pryd, ond yr hoffai ofyn cwestiwn i mi'n gyntaf. Sawl blwyddyn cyn hynny, meddai, collodd hi blentyn bach, a'i chwestiwn oedd, sut y gallai Duw ganiatáu hynny. Ni allwn ateb ei chwestiwn wrth gwrs, ac addefais hynny, ond ês ymlaen i awgrymu y gallwn i er hynny ddweud rhai pethau a fyddai o help iddi efallai. Yna, gwelais rywbeth yn ei llygaid a barodd i mi ddweud wrthi, "Nid gofyn cwestiwn yr ydych chi mewn gwirionedd, nage. Eisiau dweud eich stori yr ych chi, dywedsoch chi hi droeon wrth eich teulu a'ch ffrindiau, dydych chi ddim eisiau eu blino nhw eto, ac maen nhw beth bynnag yn credu efallai y dylsech fod wedi symud ymlaen erbyn hyn. Ond yr wyf fi'n bâr newydd o glustiau." Yr oedd yr ateb yn y cryndod ar ei gwefus. Golyga gwrando'n dda hefyd ymgadw rhag penderfynu ymlaen llaw beth yw agenda'r person y byddwn yn sgwrsio ag ef. Cefais sgwrs ar y ffôn dro'n ôl â brawd a oedd yn amlwg wedi penderfynu ymlaen llaw beth oedd fy agwedd i at y mater dan sylw, ac nid oedd yn berson digon ystwyth i allu symud o'i rhagdyb ef. O ganlyniad, ymdroi o gwmpas ei dybiaeth ef ei hun a wnâi, nid clywed dim a ddywedwn i.

Anawsterau Gwrando

Mae ambell wrando'n rhwydd - gwrando ar stori ddigrif, neu ar rywbeth sy'n ein diddori. Gall gwrando ar gyfarwyddyd fod yn anos, ond os oes ei eisiau'n fawr arnom, siawns na wrandawn yn astud. Eithr mae'n bosibl y caewn ein clustiau rhag unrhyw beth nad ydym eisiau ei glywed, gwrando sy'n golygu ymdrech a disgyblaeth felly. Weithiau bydd gennym fwriad personol sy'n ein rhwystro i glywed rhywbeth sy'n groes iddo. Dro'n ôl, ar raglen deledu, 'Y Gwir Am Gelwydd', dywedwyd fod yr Arlywydd Kennedy wedi gofyn i'w gynorthwywyr ar ôl 'The Bay of Pigs', sut y gallodd fendithio meiier mor anghyfrifol, a chanddo ddigon o wybodaeth ymlaen llaw yn dweud nad oedd llwyddiant yn bosibl. ('The Bay of Pigs' oedd yr enw ar ymdrech drychinebus Ciwbiaid America ym 1962 i ddisodli Fidel Castro, a gafodd gefnogaeth gudd Kennedy pan oedd newydd ddod yn Arlywydd). Ei gasgliad ef ei hun oedd iddo fod mor daer i gredu y gallai'r fenter lwyddo fel na allai glywed dim arall. Dyna'r esboniad caredicaf am fethiant Tony Blair i gyflwyno'n gywir y wybodaeth a oedd ganddo ynghylch yr arfau yn Irac.

Mae gwrando sy'n galw am weld sefyllfa drwy lygaid rhywun arall yn anodd hefyd, yn enwedig rhywun â rhagdybiau gwahanol iawn i'n rhai ni - rhywun o genhedlaeth arall, neu sy'n byw'n wahanol i ni, neu sy'n dod o wlad neu ddiwylliant neu ffydd neu gyfnod arall. Daw'r efengyl atom o wlad a diwylliant a chyfnod arall, wrth gwrs, a dywed wrthym am realiti a oedd yn ddieithr i'w ddiwylliant a'i gyfnod ei hun, ac sy'n ddieithr yn ei hanfod i bob diwylliant a chyfnod. Gall siarad fod yn gyfle i fod yn ddigrif a chael cymeradwyaeth chwerthin, neu i ddangos gwybodaeth ac ennyn edmygedd ohonom, neu i gymryd y lle canol a bod yn feistr ar sefyllfa, ond medd Madeleine l'Engle, geilw'r ymdrech i weld sefyllfa drwy lygaid rhywun arall, am hunanymwadu - gan gynnwys wynebu'r her i newid meddwl efallai.

Anodd i'n hanian personol ni i'w deall fydd rhai pethau. Cofiaf ddweud wrth fy ngwraig un tro, "Rwyn gwybod eich bod chi'n ceisio dweud rhywbeth sy'n bwysig i chi - rwyn clywed y geiriau, ac rwyn gwneud fy ngorau glas i ddeall ers amser, ond fedra i ddim deall ar hyn o bryd, ac 'rwyn dechrau blino. Allwn ni adael hyn am nawr a rhoi cynnig arall arni yfory?"

Anodd credu nad yw'r cynnydd aruthrol mewn synau aflafar - *muzak* mewn siopau, *'boom boxes'* ar y traeth, beiciau ar y don, traffig ar yr hewl, awyrennau uwchben, a'r cynnydd mewn cleber wast - megis selebs ar y teledu, yn amharu dros amser ar ansawdd ein gwrando. A'r 'negeseuon' a gawn ni! Yn yr Unol Daleithiau, meddai Sartre un tro, hyd yn oed pan fyddwch yn gyrru ar draffordd mae byrddau hysbysebu'n siarad â chi. Nid yw hynny cynddrwg yma yn ein gwlad ni, ond fe dderbyniwn ninnau *'junk mail'* - a *'junk e-mail'* - y mae'n rhaid o leiaf fwrw golwg frysiog arno cyn penderfynu cael ei wared. Yr oedd yr ysgolhaig Testament Newydd o'r Alban, William Barclay, yn fyddar, ond fe'i clywais yn dweud bod hynny'n fendith iddo i raddau oherwydd os oedd gan bobl rywbeth pwysig i'w ddweud wrtho, rywsut neu'i gilydd deuent i ben â chyflwyno hynny iddo, ond ni allai glywed ac felly nid oedd rhaid iddo wrando ar ddim o'r sothach y bydd yn rhaid i bobl eraill ei glywed heddiw.

Mae fy nwy ferch i wedi chware mewn cerddorfeydd ieuenctid. Eiddigeddaf wrth eu gallu i wrando ar gerddorfa gyfan yn perfformio ar y radio neu'r teledu ac adnabod un offeryn sy'n rhagori ymhlith y lleill i gyd - 'Gwrandewch ar y baswn yna'. Gobeithiaf y gallant wahaniaethu hefyd rhwng yr holl leisiau sy'n daer i ddylanwadu ar eu meddyliau heddiw, ac adnabod y lleisiau sy'n werth gwrando arnynt. Mae hynny'n gynyddol anodd oherwydd mae elfennau mewn rhai pethau a ddywedir wrthym heddiw - ar bosteri, ar y teledu - wedi eu hanelu at ein hisymwybod er mwyn osgoi ein cyneddfau beirniadol. Pan ymddangosai Ronald Reagan ar y teledu, ni waeth gan Marlin Fitzwater ei swyddog cyfathrebu beth a ddywedai Reagan, meddai, cyhyd â'i fod ef, Fitzwater, yn cael dewis y cefndir. Pe gwnâi Reagan ddatganiad anffafriol i'r gweithiwr cyffredin, mynnai ef bod y datganiad yn cael ei ddarlledu yn erbyn cefndir o Reagan yn eistedd mewn tafarn yn yfed a chwerthin yn braf yng nghwmni gweithwyr cyffredin! Yn fwy nag erioed, golyga gwrando'n ddeallus heddiw adnabod y natur ddynol, golyga fesur o siniciaeth, a golyga ddod i adnabod tinc y gwirionedd.

Pwysigrwydd Gallu Gwrando

Er mor anodd y bydd, mae ymddisgyblu i wrando'n dda yn bwysig iawn, iawn, oherwydd nid yn unig dyna'r llwybr i eangfrydedd a dyfnder, ond dyna'r ffordd hefyd i ddod yn berson effeithiol. Gwyddom i gyd am bobl od, na allant gymysgu a chyfathrachu'n dda, pobl ar ymylon pob cwmni, pobl y mae eraill yn ymwneud â nhw fel pe baent yn cerdded ar fasgl wyau. Efallai bod eu bywydau'n ynysig - am eu bod yn byw ar eu pennau eu hunain, neu'n cuddio'n ansicr y tu ôl i *bersona* ffug, neu'n groendenau a phobl yn wyliadwrus rhag eu hanafu, neu'n oriog a phobl yn ofni eu tarfu, neu'n alluog a phobl yn rhy swil i ddweud rhai pethau wrthynt. Heb neb yn ddigon agos atynt i anghydweld â nhw, neu'n ddigon hyf arnynt i dynnu eu coes, cânt eu hamddifadu o'r broses o gymdeithasoli, a byddant allan o diwn â'u cymdeithas. Siawns na synhwyrant hynny gyda hyn, ond heb ddeall hynny gallant amau mai pobl eraill sy'n od, a'u bod hwy eu hunain yn cael eu camddeall bob amser.

Bûm i'n byw unwaith gerllaw dyn a oedd yn adnabyddus yn y pentref y trigem ynddo, fel un cyndyn iawn. Eto hwnnw a neb arall a ddywedodd wrthyf un diwrnod, "Mr. Jones, un peth na all neb ei ddweud amdanaf fi yw fy mod i'n ddyn stwbwrn!" Ni allaf gredu nad oedd y gymdogaeth ffraeth honno wedi rhoi digon o negeseuon iddo, dros y blynyddoedd, ynghylch ei wendid, drwy dynnu ei goes yn gynnil os nad siarad mewn geiriau plaen, cyn rhoi'r gorau iddi efallai yn y diwedd. Rhan fawr o gael ein cymdeithasu, o beidio â bod yn bobl ar wahân, yn bobl od, lletchwith, sy'n boen os nad yn rhwystr, yw'n gallu i wrando ar negeseuon anuniongyrchol amdanom a gawn drwy gellwair a thrwy ymagweddu pobl tuag atom.

Gwrando gan yr Eglwys

Mae'r hyn sy'n wir am bersonau yn wir hefyd am yr Eglwys. Fel corff â chanddi rywbeth i'w ddweud, corff â chanddi neges i'w roi i eraill, y meddylia'r Eglwys am ei hunan fel arfer. Ond os nad yw'r Eglwys hefyd am fod yn gorff ar wahân, od, lletchwith, sy'n boen os nad yn rhwystr, yn gorff, i bobl o'r tu allan, nad yw ei siarad namyn ymson, yna rhaid iddi wrando, yn arbennig yn y dyddiau cyfnewidiol hyn. Eitem yn yr *International Bulletin of Missionary Research* a enillodd gydnabyddiaeth, yw *My Pilgrimage in Mission,* cyfraniad ym mhob rhifyn gan ryw genhadwr neu'i gilydd. Y cyfrannwr i rifyn Hydref 2007 oedd Theo Sundermeier, o Westphalia yn yr Almaen. Gweithiodd ef am flynyddoedd mewn coleg diwinyddol yn Namibia pan oedd y wlad o dan ofal De Affrica yn nyddiau apartheid. Drwy'r profiad o fyw yn y coleg, a phregethu o gwmpas Namibia ac mewn gwledydd cyfagos, dysgodd ef y tri cham o fodolaeth cenhadol meddai: "Cenhadaeth yw gwrando, gwrando, **gwrando** - y tri yna'n gyntaf ac yn bennaf. Dyna sylfaen pob cyfraniad cenhadol. Pwy bynnag na all wrando ni ddylai fod yn genhadwr. Mae cenhadon yn dechrau siarad yn rhy gynnar o lawer, ac yn llawer rhy aml, a dyna pam mae eu geiriau'n anweddu mor gyflym. Gwrando yw'r dechrau, a rhaid ei ailddysgu dro ar ôl tro."

Ar Bwy y Dylai'r Eglwys Wrando Heddiw?
Mae tri math ar bobl y credaf fi y dylai'r Eglwys wrando'n arbennig arnynt heddiw.

(1) Pobl y tu allan i'r Eglwys. Rhan o alwad eglwys yw gwasanaethu ei chymdogaeth. Un o'r pethau y mae llawer ohonom yn ein twyllo ein hunain yn ei gylch yw ein bod yn adnabod ein cymdogaeth yn dda. Pan oeddwn yn weinidog mewn un man, llogodd yr eglwysi lleol siop wag i'w defnyddio i werthu dillad ail-law adeg Wythnos Cymorth Cristnogol. 'As Good As New' oedd fy syniad i o ail law, felly arswydais pan welais y llwyth o hen ddillad-tano menywod y bwriedid eu gwerthu. Ni chredwn fod menywod yn y gymdogaeth honno a fyddai'n prynu dillad-tano ail-law. Ond gwerthwyd bob pilyn ohonynt ymhen munudau wedi i'r siop agor!

Pe derbyniwn i 'alwad' heddiw, dechreuwn fy ngweinidogaeth drwy geisio trefnu, ynghyd ag eglwysi eraill yn y cylch os yn bosibl, cyfres o sgyrsiau ar y gymdogaeth gan ffigurau lleol - prifathro'r ysgol gynradd, plismon, cynghorwr, ustus heddwch, gweithiwr cymdeithasol, meddyg, cadeirydd yr henoed, nyrs, a thafarnwr - yn dweud fel y gwelant hwy'r pentref, a pha ran y gwelent yr eglwysi lleol yn ei chware yn y gymdogaeth. Gallai barn rhai fod o fudd mawr, yn enwedig unrhyw feirniadaeth ganddynt o'r eglwysi. *'Have you learned'* meddai'r bardd Americanaidd Walt Whitman, yn ei lyfr *Leaves of Grass*, *'only from those who walked the way with you, have you not also learned from those who disputed the passage with you?'* (Dyfyniad y cymerodd Lloyd Douglas, awdur *'The Robe'*, deitl un arall o'i lyfrau oddi wrtho - *'Disputed Passage'*.) Rhan fawr o'r gwir am bob un ohonom yw'r hyn y meddylia eraill amdanom. Roedd dywediad poblogaidd dro'n ôl, 'The Church is what others think it is'. Mae gwir yn y dywediad yna hefyd.

(2) Pobl sy'n dweud pethau newydd. Nid 'popeth newydd dedwydd da', ond addef ein bod yn aml yn gwrando'n astud ar y gorffennol profedig ond yn fyddar i alwad y dyfodol ansicr. Canmolwn Abram am ufuddhau i alwad Duw i fynd heb wybod i ble, ond yng nghyfarfod blynyddol Undeb yr Annibynwyr yn 2002, dywedodd Yr Ysgrifennydd, Dewi Myrddin Hughes, 'Petai Nain yn dod yn ôl fe fyddai hi ar goll ar y stryd, yn y post, yn y siop, yn ei chegin ei hun, ond fe fyddai hi'n hollol gartrefol yn y capel.'

Gŵyr pawb ein bod yn byw mewn cyfnod o newid mawr, ond mae'n amheus a oes gan lawer ohonom syniad pa mor sylfaenol yw'r newid, yn arbennig, i'm pwrpas i yma nawr, y newidiadau yn y byd Cristnogol. Galwodd Karen Armstrong ein cyfnod ni 'The Second Axial Age'. Yr 'Axial Age' cyntaf (Karl Jaspers, athronydd Almaenig, piau'r ymadrodd) yw'r cyfnod o tua 800 C.C. hyd at 200 C.C., pan ymddangosodd athrylithoedd crefyddol a meddyliol yn India, Tseina, Palestina, a Groeg, gan gychwyn traddodiadau a roddodd faeth i lu o bobl tan heddiw - Bwdiaeth, Hindwaeth, Taoaeth, Iddewiaeth, Conffiwsiaeth, Rhesymoliaeth. Cymhara Armstrong ein cyfnod ni â'r cyfnod hwnnw oherwydd y gorgyffwrdd cwbl newydd o grefyddau'r byd yn yr ugeinfed ganrif, a'r ymwybyddiaeth gynyddol o'r ymchwil am Dduw mewn diwylliannau gwahanol. Mae'r ymwybyddiaeth newydd honno'n gefndir i fywyd yr Eglwys Gristnogol heddiw.

Ac wedi dwy ganrif ar bymtheg o fyd cred, yn ein dydd ni rhyddhawyd Cristnogion i edrych yn fwy Beiblaidd a chyfoes ar Iesu. Mae cwmni o ysgolheigion yn yr Unol Daleithiau a elwir 'The Jesus Seminar', wedi ceisio dilyn goblygiadau beirniadaeth Feiblaidd yn fwy trylwyr nag a wnaed hyd yma, er mwyn ceisio deall Iesu'n well. Pwysleisiant hefyd gymdeithaseg ac economeg yr hen fyd fel ffyrdd o ychwanegu at ein deall ohono ef. Ar hyn o bryd maent yn edrych yn fanwl ar gyfraniadau llenyddiaeth

Gristnogol gynnar y tu allan i'r Testament Newydd, megis Efengyl Thomas, sy'n cynnwys dywediadau Iesu. Mae cytundeb y tu mewn a'r tu allan i'r *Jesus Seminar* bod rhai o'r dywediadau a briodolir i Iesu yn Efengyl Thomas yn ymddangos yn nes at yr hyn a ddywedodd Iesu na'r un dywediadau yn yr Efengylau. Nid yw'r *'Jesus Seminar'* ond yn un mynegiant o ysfa ddofn yn y byd meddyliol Cristnogol heddiw i fynd y tu cefn i bethau.

(3) Cristnogion o wledydd eraill. Un peth yw gweithredu'n lleol, peth arall yw bod yn blwyfol. Mae'n haelodau ni'n bwyta bwyd Tseineaidd, yn ofidus ynghylch Irac, yn mynd ar wyliau i Florida, yn gwisgo esgidiau o'r Eidal, yn clywed am yr angen yn Myanmar, yn gyrru ceir o'r Almaen, yn defnyddio setiau teledu o Siapan. Gwae ni os cynigiwn iddynt Iesu cyfyng, cul, gorllewinol-enwadol.

Mae dros chwe deg y cant o Gristnogion y byd heddiw'n byw yn y Trydydd Byd. Maent yn ymryddhau oddi wrth y categorïau eglwysyddol a diwinyddol, heb sôn am ymerodrol, a osododd Cristnogaeth hanesyddol y Gorllewin ar eu gwar. Gwyddant hefyd am faterion y mae eisiau i Gristnogion y Gorllewin wybod amdanynt nawr - sut mae ymwneud â chrefyddau dieithr, sut orau i gyflwyno'r efengyl iddynt, beth i'w ddysgu oddi wrthynt. A mwy na hynny. Rwyf newydd ddarllen hunangofiant diwinydd Cristnogol o Tokyo a fu farw eleni, awdur llyfr a gafodd gryn ddylanwad pan ymddangosodd - *'Water Buffalo Theology'*. Graddiodd ef mewn diwinyddiaeth yn Siapan Shintoaidd, enillodd ddoethuriaeth yn America Brotestannaidd, darlithiodd mewn colegau yn Thailand Islamaidd, a gorffennodd ei yrfa yn Athro yng Ngholeg *Union* yn Efrog Newydd - rhwng Iddewon cyfoethog canol-Manhattan a Christnogion du Harlem. Sonia Kosuke Koyama am y ffyrdd y cyfoethogwyd ei ddirnadaeth o Iesu o Nazareth gan yr holl amrywiaeth crefyddol hyn. Y dyn yr wyf fi'n eiddigeddus ohono, meddai hen gyfaill da wrthyf, yw'r dyn sy'n gwybod mwy na fi. Y dyn yr wyf fi'n fwy eiddigeddus ohono, yw'r dyn sy'n gwybod mwy na fi am Iesu.

Prif siaradwr pumed cynhadledd Cyngor Eglwysi'r Byd yn

Nairobi ym 1975, oedd y diwinydd, Robert McAfee Brown. Thema'r gynhadledd oedd 'Crist Goleuni'r Byd'. Fe'n gwahoddodd ar ddechrau ei araith i geisio dychmygu sawl delwedd o Grist oedd yn y Gynhadledd. Yna awgrymodd ein bod i gyd, yn lle gwthio'n delwedd bersonol neu enwadol ni o Grist ar eraill yno, yn gwrando'n astud ar yr hyn a ddywedai eraill amdano. Gwrandawodd Cristnogion gwledydd tramor yn hir arnom ni Gristnogion y Gorllewin. Daeth yn amser bellach i ni wrando ar rai ohonynt hwy a dysgu oddi wrthynt am Iesu.

Casgliad

Y disgrifiad clasurol o'r Eglwys yw ei bod hi'n un, yn apostolaidd, yn santaidd, ac yn gatholig (yn yr ystyr o *'universal'*). O bryd i'w gilydd ychwanegwyd nodweddion eraill. Hoffwn innau haeru mai un o hanfodion yr Eglwys heddiw, yw ei bod hi'n gymdeithas a all wrando.

Ymddiried

Bydd ysgolheigion yn dosbarthu hanes i gyfnodau. Dosbarthiad bras o hanes y Gorllewin yw, Oes y Cynfyd - adeg y diwylliant cerrig ac ati; yna'r Hen Fyd - o ddechrau hanes ysgrifenedig hyd at gwymp Rhufain yn 400 O.C.; yna'r Oesoedd Canol, o hynny ymlaen tan tua 1500 O.C.; a'r Oes Fodern, o hynny tan ein dyddiau ni.

Cynsail yr Oes Fodern - Amheuaeth

Dechreuodd yr Oes Fodern o gwmpas digwyddiadau dylanwadol fel cwymp Caergystennin a'r Dadeni a'i dilynodd (1453), teithiau Columbus i'r Byd Newydd (1492), a dechrau'r Diwygiad Protestannaidd (1517). Ond ei gychwyn ymennyddol, heb os nac oni bai, oedd ymdrech ddiweddarach y Ffrancwr René Decartes (1596-1650), i ddod o hyd i wybodaeth sicr. Dechreuodd ef ei ymgyrch drwy ddefnyddio amheuaeth yn dechneg meddyliol. Amheuodd bob peth a ddysgodd erioed, pa un ai drwy draddodiad, gwybodaeth ei ddydd, neu gred yr Eglwys. Ei amcan oedd gweld a fyddai unrhyw beth ar ôl wedyn na allai ei amau, fel y gallai geisio deall pam na allai amau hynny, a mynd ymlaen i ffurfio canllawiau i fesur gwybodaeth sicr. Yna gallai symud ymlaen i chwilio am ragor o sicrwydd. Ond ei gam cyntaf oedd dweud, os oedd ef yn meddwl, yna o leiaf yr oedd ef ei hun yn bod. Mynegodd y cam hwnnw mewn geiriau Lladin sy'n enwog erbyn hyn, 'cogito ergo sum' - yr wyf yn meddwl, felly yr wyf yn bod.

Ni lwyddodd Descartes i fynd mor bell yn ei ymchwil am sicrwydd ag y gobeithiodd, ond bu ei amheuaeth gychwynnol yn gynsail i ddiwylliant meddyliol yr Oes Fodern. Dylanwadodd ei amheuaeth ef rywsut rywfodd ar bawb a ddaeth ar ei ôl, gan ein cynnwys ni. Er enghraifft, disgrifiodd Ffrancwr arall, Paul Ricoeur, dri o feddylwyr amlycaf y ganrif ddiwethaf, fel 'meistri mewn amheuaeth'. Y tri oedd, Karl Marx, sylfaenydd comiwnyddiaeth fodern, Sigmund Freud, a ddaeth â'r isymwybod i sylw ei genhedlaeth, a Nietzsche, enw llai cyfarwydd, ond y cyntaf i ddweud bod Duw wedi marw. Ni olyga disgrifiad Ricoeur ohonynt mai meddylwyr diwerth oedd y tri hyn, nac eraill tebyg iddynt. Gwnaethant waith da yn dinoethi llawer a oedd yn gyfeiliornus a ffug ym meddylfryd eu dydd, gan gynnwys llawer yn y meddwl Cristnogol. Ond drwy eu gwaith mae'r tri amheuwr yna, ac amheuwyr eraill, wedi trosglwyddo amheuaeth Descartes i'n cyfnod ni, wedi cyfrannu at greu diwylliant y daw'n rhwyddach i bobl ynddo feirniadu na chreu, diwylliant y mae'n haws dweud 'na' nag 'ie' ynddo.

Dysgu Ymddiried

Derbynnir yn gyffredinol heddiw bod yr Oes Fodern yn dirwyn i ben, a bod yr hyn a elwir yr Oes Ôl-fodern wedi dechrau. Un o arwyddion dyfodiad yr Oes Ôl-fodern yw bod y duedd ddiwylliannol i amau, yn gwanhau. Mewn erthygl o dan y teitl 'The Suspicion of Suspicion'', a gyfrannodd i 'The Grammar of the Heart' (1988), cyfrol i anrhydeddu Paul Holmer, Athro yn Iâl, dywed Rowan Wiliams fod galw arnom nawr, i amau amheuaeth. Nid i amau pob amheuaeth. Mae amheuaeth sy'n angenrheidiol os nad ydym am fod yn bobl hygoelus y gall unrhyw un ein twyllo ar amrant. Mae bob amser eisiau'r hyn a alwodd yr Athro Tudur Jones yn 'siniciaeth iach', yn arbennig yn ein cyfnod ni sydd, er y bri a rydd i wyddoniaeth, yn hynod o ofergoelus hefyd, fel y gwelir yn yr erthyglau ar y sêr mewn papurau dyddiol, ac yn y gred gyffredinol mewn 'ffawd'. Ond ar yr un pryd, mae teimlad cynyddol mewn rhai cylchoedd bod angen i ni ymddisgyblu i ymddiried ychydig yn fwy yn rhai o feysydd sylfaenol bywyd.

Nid yr un yw gallu personol pawb ohonom i ymddiried. Mae rhai o ran eu natur yn fwy ofnus neu amheus neu feirniadol na'i gilydd. Ond a dechrau yn y man lle yr ydym, bob un, mae angen i ni i gyd symud ymlaen yn ein deall o'r hyn a olyga ymddiried i ni, ac mae angen i ni, fel y gwelwn yn ddoeth a da, ymarfer yn well pa allu bynnag sydd gennym ni i ymddiried, mewn cylchoedd penodol o'n bywydau. Dyma dri chylch hollbwysig.

1. *Yr Hunan*

Mae rhai ffurfiau ar Gristnogaeth sy'n amau gallu'r natur ddynol i fod yn dda o gwbl. Rhan o'r litwrgi Lwtheraidd, er enghraifft, yw'r ymadrodd 'nid oes dim daioni ynom'. Mae'r agwedd meddwl hwn fel pe bai'n ensynio bod amau'n gallu i wneud dim daioni, yn dyrchafu Duw, a bod credu y gallwn fod yn dda yn dwyn rhywbeth oddi wrth Dduw.

Gellid deall hynny i raddau, oherwydd, i ddechrau, gall *hwbris* (balchder) fod yn elfen amlwg iawn ym mywydau rhai unigolion a chymdeithasau a gwledydd. Dywed y Beibl hefyd bethau sydd fel pe baent yn gwadu'r gallu dynol i wneud daioni. Galwodd y proffwyd Eseia 'iawnderau' dynol yn 'fratiau budron' (64.6), a dywed Paul, 'Pan ewyllysiaf wneud daioni, drygioni sy'n ei gynnig ei hun i mi' (Rhuf 7.21). A phan alwodd rhywun Iesu'n dda ei ateb oedd, 'Nid oes neb da ond Duw' (Marc 10.18) - adnod sy'n dal yn broblem i esbonwyr.

O ganlyniad, cafodd Cristnogion, Protestaniaid yn arbennig, drafferth erioed â'r syniad o ddaioni dynol. Yn wir, i bob pwrpas anwybyddwyd daioni dynol ganddynt yn feddyliol. Clywais i lawer yn y coleg diwinyddol am gariad Duw, ond ni chlywais na siw na miw erioed, heb sôn am ddarlith gyfan, am ddaioni dynol, nac unrhyw agwedd ohono, megis amynedd, neu garedigrwydd. Ond perygl pwysleisio llygredigaeth lwyr y natur ddynol yw y gall rhai Cristnogion gredu wedyn nad ydynt yn ddigon da i ddweud neu wneud ambell beth - "Pwy ydwyf fi...?" - pan fydd yn amlwg i bawb arall y gallant. Mae angen o leiaf gronyn o hyder ar Gristnogion, yn ogystal â llond cae o wyleidd-dra.

Ar ddechrau'r ugeinfed ganrif, câi athronwyr Prydeinig drafferth, o safbwynt athronyddol, i brofi bod unrhyw beth y tu allan i ni. Aeth y broblem â llawer gormod o'u sylw. Ymateb G. E. Moore, Athro Athroniaeth Caergrawnt, oedd, er na allwn brofi hynny yn athronyddol, eto gŵyr pawb fod pethau y tu allan i ni, felly dylem dderbyn hynny a symud ymlaen i drafod cwestiynau eraill. Gelwid athroniaeth Moore yn 'common sense philosophy'. Mae eisiau 'common sense theology' ar Gristnogion heddiw, ac un ffordd o ddechrau fyddai cydnabod bod y fath beth â daioni dynol, ac weithiau gallwn ymddiried ynddo. At ei gilydd gallwn ymddiried yn naioni mam tuag at ei phlant, felly hefyd gofal athro am ei ddisgyblion, a meddyg am ei gleifion, ac yn y blaen. Heb gymaint â hynny o ymddiriedaeth deuai bywyd i stop.

Mae'r Beibl yn cydnabod hynny hefyd. Er gwaethaf adnodau sydd fel pe baent yn ein collfarnu, mae'n syndod hefyd mor aml y geilw'r Beibl arnom i fod yn dda: 'Ymddiried yn yr Arglwydd a gwna ddaioni' (Salm 37.3), 'dysgwch wneud daioni' (Eseia 1.17), 'gwnewch ddaioni i'r rhai sy'n eich casáu' (Luc 6.27), a llawer, llawer, llawer mwy. Fel y dengys cynnwys llyfr y Diarhebion, nid pechaduriaid yn unig ydym ni, sy'n treulio'n bywydau yn teimlo'n euog ac yn dyheu am faddeuant. Yr ydym hefyd yn bobl sydd, ar ein gorau, eisiau bod yn dda, yn ceisio bod yn dda, ac o bryd i'w gilydd yn llwyddo i fod yn dda.. Ni allwn dadogi pob awydd ynom i fod yn dda, a phob llwyddiant yn gwneud daioni, yn gyfangwbl i ras uniongyrchol Duw. Fe'n crëwyd ganddo'n greaduriaid ag ewyllys sydd o dro i dro'n gymharol rydd. Mae'r rhyddid hwnnw'n llai ei rychwant nag y tybiwn fel arfer. Ond o leiaf gwna le i ni weithiau wneud dewis da y gallwn fod yn falch ohono, ac i ganmol ein gilydd pan dybiwn mai hynny sydd wedi digwydd. Mae'n daioni ni bob amser yn gymysg â chymhellion amwys os nad amheus wrth gwrs, fel na allwn siarad amdano yn yr un anadl â daioni Duw, a phrin y gallwn ddibynnu arno yn y diwedd. Gras piau hi yn y diwedd!

Mae rhai pobl hefyd y bydd hyd yn oed rhai sydd am y pared â nhw'n cydnabod eu bod yn gwneud pethau da yn ddigon aml, neu mewn ffyrdd mor drawiadol, fel y gallwn eu galw'n 'bobl dda'. Un felly oedd Schweitzer i mi pan oeddwn yn ifanc. Yn ddiweddarach daeth Martin Luther King a'r Fam Theresa. Nid pobl di-fai. Roedd Schweitzer yn blentyn ei oes ac nid eisteddai byth wrth fwrdd bwyd gyda dyn du; yr oedd gan Martin Luther King ei *peccadillos*; ac nid oedd barn y Fam Theresa am safle merched mewn byd a betws yn ganllaw da i wragedd heddiw - a bu sôn yn ddiweddar am ei hamheuon hi. Mae enwau eraill megis Kagawa, a Mandela, a Rosa Parks, a Waldo, pobl hyd y gwyddom ni sy'n dda yn amlach ac mewn ffyrdd mwy sylweddol neu dyngedfennol na'r mwyafrif ohonom. (Un o broblemau mawr llu o ieuenctid heddiw yw diffyg modelau dynol o ddaioni go gyson neu drawiadol.)

Ond yr amheuaeth mwyaf difrifol a pheryglus oll efallai, yw'r amheuaeth ohonom ni ein hunain oherwydd yr hyn sy'n mynd ymlaen y tu mewn i ni na ŵyr neb arall amdano. Dyna broblem arall sydd gan yr ifainc - pethau y tu mewn iddynt sydd ym mhawb, ond nad ydynt hwy eto wedi clywed na darllen dim sy'n dweud hynny wrthynt, fel na allant gymharu eu profiadau hwy â phrofiadau neb arall.

Pan oedd Dietrich Bonhoeffer, y diwinydd a'r merthyr Almaenig, yn Tegel, y carchar yn Berlin lle y cadwyd ef gan Hitler oherwydd ei elyniaeth i Natsïaeth, ysgrifennodd gerdd. Ynddi dywed fod ceidwaid y carchar, gan wybod ei fod yn weinidog, yn ei adael allan o'i gell o bryd i'w gilydd, er mwyn iddo ymweld â'i gydgarcharorion. Gwyddai, meddai, fod y ceidwaid a'r carcharorion yn ei edmygu a'i ganmol am iddo godi eu hysbryd drwy fod yn hawddgar, a gwrando arnynt, a rhoi gair o gyngor, ac offrymu gweddi pe byddai gofyn. Ond, meddai, pe gwypent am yr ansicrwydd a'r amheuon a'r ofnau sydd y tu mewn i mi, ni fyddent yn fy edmygu a'm canmol.

Yr oedd Bonhoeffer yn feddyliwr digon galluog i sylweddoli mai meddyliau *'unsocialised'*, oedd ei feddyliau cuddiedig - meddyliau na welsant olau dydd, meddyliau nad oedd neb, megis ffrind da, wedi eu clywed a chael cyfle i wneud sylwadau arnynt.

Gallent felly fod yn feddyliau anghytbwys, os nad afiach. Sylweddolai hefyd ei fod, wedi'r cyfan, **yn** mynd o gwmpas y carcharorion a'r ceidwaid, gan eu cysuro a'u cadarnhau. Rhaid i ninnau ddod i delerau iach â'n bywydau mewnol ni, gan dymheru'r gwaethaf a wyddom am ein bywyd cudd drwy rannu cymaint ohono ag a allwn ni ag eraill, er mwyn cael eu hadwaith hwy i'n helpu ni i'w werthuso'n gytbwys. Gallwn gael y math hwnnw ar wybodaeth hefyd drwy ddarllen ambell nofel neu weld ambell ddrama. Ond yr amcan yn y diwedd yw cael cytbwysedd rhwng gwyleidd-dra addas, a'r hyder a all ein nerthu i fyw'n greadigol ac adeiladol.

2. *Pobl Eraill*

Ni chefais i fywyd caled iawn. Y mwyaf a ddioddefais oedd ambell siom mewn pobl y disgwyliais yn well ganddynt. Nid oeddent yn siomedigaethau mawr iawn yng ngolwg y byd, ond ar y pryd yr oeddent yn gymaint ag y gallwn i eu trafod. Tybed a oes unrhyw rai'n mynd drwy fywyd heb ddioddef siom fawr ar law rhywun neu rywrai yr oedd eu hymddiriedaeth ynddynt yn fawr, os nad yn llwyr - siom nad ydynt eto flynyddoedd wedyn, efallai, wedi gorffen â hi, siom sy'n dal i'w cadw ar ddihun weithiau yn oriau mân y nos. Rhaid cofio, wrth gwrs, bod hyd yn oed ein ffrindiau agosaf yn feidrol ac felly'n fethedig, bod y bobl sy'n ein siomi ni yn perfformio'n dda efallai mewn perthnasau eraill yn eu bywyd, a bod ein disgwyliadau ni yn or-uchel weithiau. Y mae'r fath beth hefyd â *benign alienation* - siomi rhywun heb fwriadu hynny, heb fod yn ymwybodol o hynny efallai. Ac wrth gwrs, ni ein hunain yw siom rhywrai eraill weithiau.

Wedi dweud hynny i gyd, caiff rhai pobl siom mewn rhyw berson neu bersonau, sydd mor aruthrol, mor arswydus o fawr, mor drawmatig, fel na allant fyth eto ymddiried yn naturiol ac yn iach mewn neb arall. Meddyliaf, er enghraifft, am fechgyn yn cael eu camdrin yn rhywiol gan offeiriaid, neu ferched yn cael eu treisio gan dylwythyn. Mewn achosion difaol o siom ni all eraill wneud dim ond cydymdeimlo'n dawel a pharchus. Eithr i'r gweddill ohonom, wedi rhoi cyfle i ryw siom weithio'i ffordd allan, rhaid ymdrechu, os oes angen, i beidio â cholli ymddiriedaeth ym mhawb. Bydd yn demtasiwn i beidio ag ymddiried yn neb arall wedyn, er mwyn ein harbed ein hunain rhag siom arall. Ond bydd hynny'n ein cadw rhag y posibilrwydd o ambell brofiad gogoneddus na all ond mentro mewn ymddiriedaeth ei wneud yn bosibilrwydd newydd ac adfywiol i ni.

Ond â ymddiried mewn eraill ymhellach na pherthynas bersonol. Mae a fynno hefyd ag ymddiriedaeth yn ein cymdeithas a'i sefydliadau a'i chynrychiolwyr hi. Mae ymddiriedaeth yn fater canolog mewn gwleidyddiaeth ar hyn o bryd, a llawer wedi cael siom yn y llywodraeth y blynyddoedd diwethaf hyn, oherwydd 'spin' yn gyffredinol, Irac yn arbennig, ac enghreifftiau amlwg o gamddefnyddio costau. Temtasiwn ar adeg felly yw peidio â phleidleisio, a dyna'r llwybr a gymer llawer iawn y dyddiau hyn.

Cefais i, fel llawer o'm ffrindiau yn yr Unol Daleithiau, siom pan etholwyd George W. Bush yn Arlywydd, nid unwaith, ond dwywaith! Ond yng nghanol fy siom un diwrnod fe'm trawodd, oni byddai filgwaith gwaeth pe na bai etholiad wedi digwydd - pe bai Bush wedi ei osod yn ei le drwy ryw *coupe* militaraidd, ac heb gyfle ar y gorwel i newid y sefyllfa, fel sydd wedi digwydd yn Myanmar? Mewn gair, ys dywedodd Winston Churchill un tro (nid wyf yn siŵr ai dyfynnu yr oedd neu beidio), democratiaeth yw'r ffurf waethaf ar lywodraeth - ar wahân i'r holl ffurfiau eraill arni!

Rhaid i ni beidio â mynd yn sinicaidd llwyr ynghylch gwleidyddiaeth. Mae'n fyd sy'n ymwneud â phwer a dylanwad mawr, yn fyd felly o wasgfeydd a themtasiynau grymus. Ond y mae llawer o wleidyddion da, a rhaid peidio â cholli ymddiriedaeth yn y broses. Dyna a ddigwyddodd yn yr Almaen yn nhridegau'r ganrif ddiwethaf, a gwyddom y canlyniadau.

Duw

Dywedodd dyn wrthyf yn drist dro'n ôl, iddo fod yn 'grefyddol' unwaith, ond nad oedd mwyach. Ychwanegodd yr hoffai fod eto, a chredai y gallai hynny ddigwydd, pe clywai bregeth dda iawn. Dichon bod clywed y neges Gristnogol mewn pregeth wedi trawsnewid bywyd rhai, ond i lawer, nid mater o gael eu meddiannu fel yna yw'r ymrwymiad Cristnogol iddynt, neu nid hynny'n unig, nac yn bennaf. Mae o leiaf elfen o ddewis yn perthyn i'r broses. Nid dewis dramatig o raid. Gall fod yn gadarnhad o'r hyn a dderbyniwyd ar law rieni ac eglwys dros flynyddoedd, yn gadarnhad sy'n cynnwys dewis llwybr ffydd eto ac eto ar daith bywyd. Mae'n bwysig ein bod yn cadw'n agored i'r posibilrwydd o gael ein meddiannu gan ryw wirionedd neu weledigaeth. Ond pwysicach yw gwneud y dewis i ymddiried yn y gwirionedd a welsom, a dal ati i wneud y dewis.

Mae camau yn yr ymddiried hwnnw. Un cam er enghraifft, yw dysgu derbyn terfynau bywyd i ni, 'gwaith mân' Ei fysedd. Yr ydym yn byw mewn cyfnod a nodweddir gan lwyddiant aruthrol mewn gwthio terfynau yn ôl, terfynau clefydau, terfynau teithio, terfynau breuddwydion personol. Ataliwyd y byd rhag cymryd camau bendithiol ymlaen yn aml gan rai a gredai fod terfynau lle nad oedd. Mae gen i hen lyfr sy'n dweud am rywbeth, ei fod mor amhosibl â dringo Everest! Ond yn ein diwylliant cyfoes ni mae'n rhwydd mynd i ystad sy'n cael trafferth i dderbyn unrhyw derfynau.

Eithr erbyn hyn mae cydnabod terfynau yn elfen gynyddol ac anorfod yn ein bywydau. Yr oedd y penderfyniad i beidio â defnyddio'r awyren hardd *Concorde* mwyach - cefais gipolwg arni un waith, yn glanio ar faes awyr yn Jamaica - yn un trist, ac eto yr oedd yn iach ein bod yn gorfod cydnabod ein bod wrth ei chreu hi wedi cyrraedd rhyw derfyn, er mai terfyn masnachol oedd hwnnw, nid un technolegol. A bellach gwyddom fod cydnabod terfynau ynghlwm wrth barhad bywyd dynol ar ein planed. Hyn a hyn o adnoddau sydd ar ein cyfer ar y ddaear, hyn a hyn yn unig o niwed y gallwn ei wneud i'r ddaearen.

Anodd yw derbyn terfynau er hynny, a'r methiant i wneud hynny sy'n cyfrif am lawer o broblemau personol yn ein cymdeithas ni heddiw - tewdra, clefydau rhywiol, alcoholiaeth ac ati, ac mae gennym broblemau cymdeithasol hefyd yn ymwneud â therfynau, fel problemau sbwriel, a thrafnidiaeth. Caiff rhai anhawster i dderbyn terfyn angau hyd yn oed. Gofynnais yn ddiweddar i feddyg yr henoed beth oedd ei broblemau mwyaf. "Nid yr henoed" meddai, "cefais fy nysgu a'm paratoi i'w trin hwy a'u trafferthion, a gwnês hynny ers amser nawr. Anaml y bydd dim newydd yn codi mwyach, ac os bydd, gallaf drafod hynny gyda chyd-weithwyr." "Beth yw'ch problemau chi felly?" gofynnais innau. "Teuluoedd yr henoed", oedd ei ateb, "yn arbennig y rhai sy'n methu â deall pan fydd rhywun mewn oed yn marw'n dawel ac urddasol, fod pobl weithiau'n marw nid o unrhyw glefyd neu glefydau yn y diwedd, ond o farwolaeth ei hun, oherwydd fod bywyd yn dod i ben yn naturiol. Yn lle derbyn hynny, hawliant ofal dwys, a'i bibellau a'i ocsijen a'i gyffuriau, i gadw person sy'n marw i rygnu byw'n boenus am ychydig ddyddiau diystyr - ac mewn rhai achosion, beio'r meddyg a'r ysbyty hyd yn oed wedyn am fethu â chadw'r claf yn fyw." "Yr ydym yn colli'r ddawn", medd Rowan Williams, "o fod yn greaduriaid".

Cyfrwng mewn ymddiried yn Nuw'r Cristion yw'r stori yn y Beibl. Golyga ymddiried yn Nuw'r Cristion dderbyn y stori honno. Nid derbyn pob gair ynddi fel pe bai'n llythrennol wir, heb barch i ddulliau mynegiant, heb gydnabod terfynau dynol awduron a chyfieithwyr, heb ystyried cyfnod ac amgylchiadau, heb roi sylw i ddatblygiadau a goblygiadau'r stori yn hanes pobl Dduw lawr drwy'r canrifoedd, a heb dderbyn cyfrifoldeb am ofyn beth yw ystyr y stori i ni yn ein cyfnod ni ar y ddaear, a heb dderbyn pob help cyfoes wrth wneud hynny. Ond drwy'r cyfan hynny, derbyn tystiolaeth profiad cenedl yn yr Hen Destament, a phrofiad cymdeithas yn y Testament Newydd, derbyn y stori 'sy'n ailddisgrifio'r byd' o safbwynt cymeriad rhyfeddol Duw.

Y model pennaf o ymddiriedaeth yng nghymeriad Duw, wrth

gwrs, yw Iesu, ac o bopeth y dysgwn oddi wrtho ef am gymeriad Duw, y pennaf un yw bod Duw'n ein caru ni, a bod popeth a ddigwydd i ni yn digwydd y tu mewn i'w gariad Ef, er nad yw hynny'n eglur bob amser i ni. Yn sicr, nid yw dim a wnawn ni i'w siomi ef, a'i Grist ef, a'r Crist a gyfarfyddwn ymhob person y down ar ei draws, yn newid dim ar hynny. Flynyddoedd yn ôl, yn ei lyfr 'One Way Left', cymharodd George Mcleod y cariad hwnnw i gariad mam ar ei orau, gan ddyfynnu llinellau gan y bardd Gwyddelig, Henry Trench (1865 - 1923), llinellau garw braidd, ond rhai bythgofiadwy i mi:

> A poor lad once, and a lad so trim,
> Gave his love to her who loved not him,
> And says she, fetch me tonight, you rogue,
> Your mother's heart to feed my dog.
>
> To his mother's house went that young man,
> Killed her and took her heart and ran,
> But as he was running, look you, he fell,
> And the heart rolled to the ground as well.
>
> And the lad, as the heart was a rolling heard,
> That the heart was speaking, and this was the word
> The heart was a weeping and crying so small,
> 'Are you hurt my child, are you hurt at all?'

Mae bywyd Iesu byth a hefyd yn rhoi cipolwg ar natur ac ansawdd ei ymddiriedaeth ef yn y cariad hwnnw, ac nid yw hynny'n gliriach yn unman nag ar y groes. Dywedodd Iesu sawl peth ar y groes, ond gan nad ydynt i'w cael i gyd mewn unrhyw un efengyl, mae'n amhosibl bod yn gwbl siŵr beth oedd y geiriau olaf oll a lefarodd. Ond cytuna ysgolheigion mai'r peth olaf a ddywedodd, yn ôl pob tebyg, yw, "O Dad, i'th ddwylo di y gorchmynnaf fy ysbryd", (Luc 23:46). Eithr nid geiriau 'o'r frest' oedd y geiriau yna, ond dyfyniad, dyfyniad o'r llinell gyntaf o'r bumed adnod yn Salm 31. Pam y dyfynnodd Iesu'r geiriau hynny? Beth oedd mor arbennig â hynny ynddynt?

Cafodd cenedlaethau o Gymry eu dysgu gan eu mamau a'u tadau i ddweud 'Rho fy mhen bach lawr i gysgu...' cyn noswylio. Ond beth am famau a thadau Iddewig? A ddysgent hwy rywbeth tebyg i'w plant hwy? Yn wir fe wnaent. A'r hyn a ddysgent hwy i'w plant oedd - llinell gyntaf pumed adnod Salm 31, 'Cyflwynaf fy ysbryd i'th law di;..' Ar y groes, yn union cyn ymadael â'r byd hwn, y geiriau olaf y dewisodd Iesu eu llefaru, oedd mynegiant syml o ymddiriedaeth yn Nuw a ddysgwyd iddo gartref gan ei rieni pan oedd yn blentyn. Ond wrth gwrs, yr oedd gwahaniaeth yn y mynegiant o'r ymddiriedaeth honno gan blentyn, a'r mynegiant ohoni gan ŵr a oedd yn ei flynyddoedd diwethaf wedi meddylu, a gweddïo, wedi llefaru a gweithredu, wedi profi unigrwydd, a brad, a gwarth, a phoen, ac amheuaeth - "O Dduw, paham y'm gadewaist...?" Mae yna symlrwydd cyn caledi a dryswch bywyd, ac y mae symlrwydd yr ochr draw iddo.

Mae'n syniad pert, mai drwy adrodd ei 'Rho fy mhen bach lawr i gysgu...' ef, y daeth Iesu â'i fywyd i ben. Ond mae'n fwy na hynny efallai. Ym 1960, tair blynedd wedi iddo ymddeol o'i swydd yn Brifathro Coleg y Brifysgol, Aberystwyth, ysgrifennodd Goronwy Rees (mab i un a fu'n weinidog yn Aberystwyth), hunangofiant o dan y teitl *A Bundle of Sensations*. Amcan y teitl oedd dweud na welai ef ddim pwrpas, dim cyfeiriad, dim ystyr, dim patrwm i'w fywyd. Ni fu ei fywyd yn ddim ond *a bundle of sensations*! Mae geiriau Iesu ar ddiwedd ei oes yn cynnig darlun arall i ni, darlun o fywyd fel siwrne, siwrne mewn ymddiriedaeth, siwrne o ymddiriedaeth syml plentyn cyn profi o anawsterau a chymhlethdodau bywyd, drwy bob prawf a methiant ac anobaith ynddo, tuag at ymddiriedaeth syml yn Nuw yr ochr draw i'r rheiny i gyd.

Diolch

Un diwrnod, mewn catalog llyfrau, gwelais enw cyfrol o ysgrifau crefyddol, 'The Following Plough'. Yr oedd y teitl yn goglais, a gyrrais amdani, er na chlywswn enw'r awdur erioed - Neville Ward. Dysgais mai mab oedd ef i weinidog Wesle, a gweinidog Wesle ei hun a fu'n aelod o dîm ecwmenaidd yng Nghaergaint cyn ymddeol yno. (Wesleaid yw'r gweinidogion mwyaf diwyd a gyfarfûm erioed - efallai am na chaent wasanaethu'n unlle'n am fwy na phum mlynedd tan yn ddiweddar. Rhaid oedd iddynt felly fynd ati'n ddiymdroi ym mhob gofalaeth os oeddent am wneud mwy na chadw'r ddysgl yn wastad.)

Flynyddoedd yn ôl bu farw Cymraes, Enid Wyn Jones, yn ymyl ei gŵr ar awyren, ac ymateb y prifardd Geraint Bowen oedd englyn:

> Rhwng dŵr a'r eangderau - lle nad oes
>   Llain o dir na beddau,
>   Dringo wnei di, yr Angau -
>   Y Diawl, a gwahanu dau.

Clywais i fardd arall ddweud y rhoddai ei law dde am allu dweud mai fe ysgrifennodd yr englyn yna. Deallais ei ysfa'n well wedi darllen ysgrif agoriadol Ward am ei bererindod ysbrydol. Am y tro cyntaf erioed, a'r tro diwethaf, gyrrais lythyr at awdur a gofyn a gawn ei gyfarfod. Atebodd mewn llaw grynedig, yn bodloni. Fis wedyn, tridiau cyn hedfan yn ôl o Gymru i'r Unol Daleithiau, lle

y trigwn ar y pryd, ffoniais ef i ofyn a allwn alw arno wrth fynd
am y maes awyr yn Gatwick. Ei wraig a atebodd, yr oedd ef wedi
marw.

Casglu cyfrolau eraill ganddo wedyn, pob un yn orlawn o ffydd
dawel, feddylgar. Yr oedd gan Ward yr integriti i wynebu ei
brofiad Cristnogol yn onest a glân, y ddisgyblaeth i'w fynegi'n
glir a threiddgar, a'r dewrder a'r chwaeth i fentro at yr ymyl heb
fynd dros y dibyn. Yn ogystal â 'The Following Plough' yr oedd
'Enquiring Within', 'The Use of Praying', a 'Five for Sorrow, Ten for
Joy'. Bu cael y trysorau aeddfed hyn ar fy silffoedd yn gysur ac yn
ysgafnder i mi, y cynnwys yn rhyddhad mawr, ac ambell sylw
ynddynt yn cadarnhau fy mod i wedi cael enaid cytun: 'Ni
freuddwydiais' meddai, 'y byddai llyfrau'n gymaint rhan o'm
bywyd i'. Gall llyfrau crefyddol fynd allan o ffasiwn dros nos, ond
ailgyhoeddodd Epworth 'The Use of Praying' (1964) ym 1998, ac
ailgyhoeddwyd 'Five for Sorrow, Ten for Joy' (1971), yn 2005.

Yn 'The Use of Praying' deuthum ar draws y llinellau hyn, 'The
old evangelists used to work on our sense of unworthiness and sin
and go on to argue that we therefore needed a saviour. This is not the
theme for our time. The more a person of our time finds reasons for
being thankful the more likely he is to come to belief in God in the
Christian sense.' Yr oedd y syniad yn y drydedd frawddeg yn
gwbl newydd a dieithr i mi, ond gan mai'r gŵr hwn a'i
hysgrifennodd, bu rhaid i mi o leiaf gymryd diolchgarwch llawer
iawn, iawn mwy o ddifrif nag a wnês erioed cyn hynny - er na
fûm yn ddibris ohono cyn hynny gobeithio.

Anniolchgarwch

Mae llawer iawn o anniolchgarwch yn ein byd ni. Cof gennyf
sefyll naill ochr un diwrnod, wrth fynd mewn i siop fwyaf y byd,
Macy's yn Efrog Newydd, a dal y drws i rywun y tu cefn i mi fynd
i mewn o'm blaen. Yna gadael i berson arall fynd heibio, ac un
arall, ac un arall, ond ni sylwodd yr un ohonynt fy mod i yno, heb
sôn am ddiolch i mi. Ond gall diolch fynd ar goll mewn lleoedd
llai prysur na siop anferth mewn dinas enfawr, ac ynghylch

materion llawer, llawer pwysicach na dal drws. Yn Efengyl Luc (17:11-18), mae Iesu'n mynd mewn i bentref, ac yn iacháu deg dyn o'r gwahanglwyf, ond un yn unig ddaeth yn ôl i ddiolch.

Gall llawer o resymau gyfrif am anniolchgarwch, o brysurdeb hyd at ddiffyg dychymyg a hunanfodlonrwydd. Efallai mai'r olaf yw ergyd y ffaith nad Iddew, un o bobl Dduw, ond Samariad, rhywun a ddirmygid gan Iddewon - 'estron' medd Iesu, gair a allai olygu 'pagan' - oedd y gwahanglwyf a iachawyd ac a ddaeth yn ôl i ddiolch. Rheswm arall am anniolchgarwch yw fod pawb ohonom a fu fyw'r rhan helaethaf o'n dyddiau yn yr Oes Fodern, wedi etifeddu'r amheuaeth y soniais amdano mewn ysgrif flaenorol ('Ymddiried'), sy'n negyddu 'rhesymeg y gorlif' y mae diolch yn un mynegiant ohono.

At hynny, oherwydd eu hofn rhag tynnu sylw oddi wrth gariad Duw, bu diwinyddion a phregethwyr Protestannaidd yn amharod i fanylu ar rinweddau dynol megis amynedd, gostyngeiddrwydd, ffyddlondeb - a diolchgarwch, yn arbennig gan nad ydynt yn rhinweddau unigryw Gristnogol chwaith. Ond bu ambell athronydd diwinyddol wrthi. Ysgrifennodd un gyfrol dro'n ôl ar ddaioni a drygioni, a dangos nad sylweddau cyffredinol annelwig mohonynt, ond bod iddynt strwythurau penodol. Felly hefyd mae diolchgarwch yn fwy na thon o deimladrwydd neu ffrwd o eiriau, mae ganddo strwythur penodol.

Natur Diolchgarwch

Ymateb boddhaus i rywbeth da a ychwanega rywsut at fywyd y diolchwr yw diolch. Gall y 'rhywbeth' fod yn rhodd neu'n gosb neu'n wybodaeth neu'n llawdriniaeth neu'n feirniadaeth neu'n eiddo - unrhyw beth a ystyria'r diolchwr sy'n gwella'i fywyd mew n rhyw fodd. Mae'n fath ar estyn allan y tu hwnt i'r hunan felly, sy'n symudiad iach. Os yw'r hyn a dderbyniwyd yn angenrheidiol, ac yn rhywbeth na allai'r derbyniwr ei hun ddod ag ef i ben, mae'n gyffes nid yn unig o derfyn ar yr hunan, ond o ddibyniaeth hefyd.

Gellid teimlo'n ddiolchgar i rywrai a wnaeth gymwynas â ni nad yw'n un bersonol, a rhywrai na wyddant eu bod wedi gwneud cymwynas â ni. Gall y rheiny fod yn rhai fu byw yn y gorffennol, fel hynafiaid ac artistiaid, neu rai sy'n byw heddiw ac ond yn cyflawni eu gwaith, fel gwleidyddion, neu ymchwilwyr meddygol. Ond pan ddiolchwn i unrhyw rai yr ydym yn ddyledus iddynt, mae mater a fu tan hynny'n anghyflawn, yn cael ei gyflawni.

Gall diolch fod yn eiriau, neu'n dalu nôl, neu'n estyn cymwynas ymlaen. Ond yn ei ffurf ehangaf oll, agwedd at fywyd cyfan yw diolchgarwch. I Gristion, un i roi'r math hwnnw ar ddiolch iddo yw Duw ein Creawdwr a'n Tad. Pregeth arall a glywais gan y Parchg Glyn Thomas, Wrecsam, oedd un ar y testun, 'Diolchwch bob amser am bob dim i Dduw y Tad yn enw ein Harglwydd Iesu Grist' (Effesiaid 5:20). Mae rhai pethau na allwn ddiolch i Dduw amdanynt, meddai, a rhoddodd gyfieithiad o'i destun a ystyriai'n well cyfieithiad sef, 'Ym mhob sefyllfa, chwiliwch am bethau y gellwch ddiolch i Dduw amdanynt.' Yr agwedd yna at fywyd yw diolch Cristnogol ar ei orau.

Nid oes amodau ar y math yna ar ddiolch. Cefais alwad ffôn dro'n ôl gan berthynas i mi o'r nawfed ach yn Llundain na wyddwn amdani. Gwneud siart o'i hachau yr oedd a rhywun wedi awgrymu iddi y gallwn i lanw bwlch neu ddau ynddo. Cyn hir daeth i Lanelli ar fusnes, cyfarfuom mewn gwesty yno, a chan wybod mai gweinidog oeddwn, wrth fy nghyfarch dywedodd nad oedd hi ar delerau da â 'fy Nuw i'! Newydd golli ei gŵr yr oedd hi, druan, ac yntau ond yn bum deg. Yn ei hangen, yn hytrach na bod yn adnodd, problem ychwanegol iddi oedd 'ei Duw hi'. Felly hefyd bydd rhai'n ddig at Dduw, neu'n peidio â chredu ynddo mwyach, oherwydd rhyfel neu ddaeargryn neu newyn neu haint. Mae ganddynt ddisgwyliadau oddi wrth Dduw ac os na chydymffurfia Ef â'r rheiny, mae Ef wedi methu eu prawf nhw ohono ac nid yw'n deilwng o'u ffydd mwyach.

Camddeall llwyr o berthynas y Cristion â Duw yw hynny, wrth gwrs. Daethom i mewn i'r byd hwn, rhoddwyd i ni fywyd i'w fyw ynddo, ac nid oes dewis gennym ond derbyn y bywyd hwnnw yn ei holl ogoniant a chymhlethdod ac ansicrwydd a bregusder ac anghyfiawnder. Ond gallwn ddewis sut mae ymagweddu tuag at y cyfan. Bydd y sawl a gafodd ei argyhoeddi gan esboniad y traddodiad Cristnogol o ystyr a chyfeiriad bywyd, yn gwneud gweithio allan sut mae ymagweddu'n ddiolchgar i Dduw, yn brif nôd ei fywyd ef wedyn. Ar yr un pryd, rhaid cydnabod yn wylaidd y gall pethau mor ofnadwy ddigwydd i rai, fel ei bod bron yn amhosibl, os nad yn gwbl amhosibl, i ddiolchgarwch fod yn brif gymhelliad eu bywyd mwyach. Haedda pobl felly gydymdeimlad mawr heb ddim nawddogi.

Gall diolchgarwch fod yn rym pwerus. Gall diolchgarwch i berson arall am un gymwynas yn unig effeithio ar ein perthynas ag ef neu â hi am amser: 'Anghofia'i fyth beth wnaeth hi i mi un waith…' Gall rhyw gorff hefyd, megis undeb llafur, neu eglwys, ennyn diolchgarwch fel yna ynom. Mae'r gwrthwyneb yn wir hefyd, gall achos i fod yn anniolchgar iddynt, niweidio'n perthynas â rhyw berson neu gorff am amser hir, os nad tra byddwn fyw.

Elfennau Diolchgarwch

Y mae elfennau penodol i'r gogwydd o fyw bob dydd mewn ysbryd diolchgar. Un ohonynt yw'r gallu i ryfeddu. Mae un dyn sy'n darllen newyddion ar y teledu yn siarad â'r un sbid a goslef a gwedd beth bynnag yw cynnwys y newyddion. Rhydd yr argraff na all weld a theimlo mawredd ambell bwnc y mae'n ei gyflwyno. Yn ôl bardd Americanaidd, Carol Bly, un o dalentau dynoliaeth yw'r gallu i gael ei chyffroi gan bethau mawr. Rhan o waith eglwys yw datblygu'r dalent yna yn ei haelodau, drwy ddyrchafu achosion mawr a all gyffroi ynddynt ryfeddod diolchgar.

Elfen arall mewn diolchgarwch yw mwynhau. Pan ddiolchwn yn blentyn i mam am rywbeth, ei hateb yn ddi-ffael fyddai, "Wel mwynha fe nawr". Yr oedd hi'n falch mod i'n diolch, ond y diolch mwyaf iddi hi oedd fy mwynhad i o beth bynnag yr oedd hi wedi ei roi i mi. Mae llawer gan ein cymdeithas niwrotig ni i'w ddysgu ynghylch gwir fwynhau bywyd, ac yn wyneb eu pwyslais traddodiadol, unochrog ar waith, gall hynny fod yn arbennig o wir am Brotestaniaid.

Elfen arall eto yw rhannu. Sonia arweinwyr Cristnogol heddiw am brynwriaeth fel drwg mawr cymdeithasol y mae galw ar Gristnogion i'w wrthwynebu, drwy ymwrthod â'r duedd honno yn eu bywyd eu hunain, yn rhannol drwy fod yn hael, yn arbennig i'r anghenus yn ein byd. Prif amcan bod yn Gristnogion yw cyfrannu at greu cymdeithasau ffyddiog a all fod yn esiampl i'w hamgylchfyd ynghylch byw ynghyd - gan gynnwys bod yn esiampl gobeithiol o haelioni. Yr haf cyn diwethaf clywais Bob Geldof yn siarad yn Ffair Lyfrau Y Gelli am gyfrannu tuag at leddfu tlodi byd. Er gwaethaf ei iaith liwgar, ni welais ac ni chlywais neb tebycach i fel y tybiaf yr edrychai ac y swniai rhai o broffwydi'r Hen Destament.

Bychanu Diolchgarwch

Ym 1996, enillodd y golffwr Americanaidd Tom Lehmann y 'British Open', prif gystadleuaeth y byd o ran golff. Wrth ddweud gair adeg derbyn ei wobr - jwg glared a siec sylweddol iawn - diolchodd i Dduw, oherwydd, meddai, "oni bai fod Duw eisiau i mi ennill heddiw, ni fyddwn wedi ennill". Tystiolaeth wylaidd ganmoladwy, neu gor-awydd i gyffesu ei ffydd ar goedd yn arwain at dystio anffodus? Beth glywai'r golffwyr eraill yno - eu bod wedi gwastraffu amser yn dod i gystadlu yn erbyn Lehmann? O wybod am gefndir Lehmann, dywedwn i iddo ddod o dan ddylanwad un o'r cylchoedd Cristnogol yn America sy'n targedu personau enwog ym myd chwaraeon, er mwyn eu cael i dystio i bobl ifainc ar lwyfannau - mewn colegau, er enghraifft.

Nid wyf yn amau na all ffydd gynhyrchu agwedd mewn person

a all fod yn help i drafod ambell sefyllfa'n well, neu i ddatrys ambell broblem, a hyd yn oed i wella o ambell afiechyd. Ond mater gwahanol yw credu bod Duw, yn unol â'n dymuniad ni, yn ymyrryd yn uniongyrchol mewn materion nad ydynt o bwys mawr mewn gwirionedd. A oedd cymaint o awydd ar Dduw i Tom Lehmann, yn fwy na'r un chwaraewr arall yno y diwrnod hwnnw, ennill swm enfawr o arian, a bri bydol parhaol, drwy roi pelen fechan wen mewn cyfres o dyllau bach dros bedwar diwrnod mewn llai o ergydion na neb arall, fel ei fod wedi ymyrryd yn nhrefn naturiol y gystadleuaeth?

A oedd Lehmann wedi gofyn i Dduw am fuddugoliaeth? 'Wn i ddim. Ond a yw Duw'n ymateb i geisiadau gennym ni am iddo fodloni ein dymuniadau cymharol ddibwys, ac efallai hunanol ni, dymuniadau nad oes nag elfen foesol nac ysbrydol ynddynt. Onid troi gweddi'n *'magic'* yw hynny, rhywbeth y tyfodd crefydd iach allan ohono ers cantoedd?

Diolchgarwch Iach?

A fuasai'n iachach i Lehman (ac i'r chwaraewyr eraill a'r gwylwyr) pe bai wedi diolch i Dduw am y fraint o fod yn fyw, ac yn ddigon iach i allu cydfwynhau'r chware a byd natur? Mewn erthygl yn y *Western Mail* dro'n ôl, dywedodd y Pabydd Shaun Edwards, chwaraewr rygbi da yn ei ddydd, ond sydd nawr yn hyfforddwr i dîm rygbi Cymru, "Byddwn i bob amser yn gweddïo cyn gêm, nid i ennill, ond i ddiolch am y cyfle i chware ac i obeithio na châi neb ei anafu..."

Pan oedd ein hwyres gyntaf ni ar fin dod i'r byd yng Nghymru, a'm gwraig a minnau'n byw mewn gwlad arall, cawsom neges brys bod perygl i'r fechan yn y geni. Ganed hi'n iawn gyda hyn, ond y diwrnod hwnnw daliodd fy ngwraig yr awyren nesaf adref, a'm gadael i wrth fy hunan ymhell oddi wrth fy anwyliaid ar awr bryderus iawn i ni i gyd. Nid oedd yn bosibl i mi beidio â gweddïo. Ond gweddïo am beth? Am i Dduw, os oedd galw am hynny, ymyrryd yn y broses a oedd yn symud ymlaen, a'n gwneud ni'n eithriadau i ganlyniadau poenus posibl trefn bywyd?

Ond ar ba sail? Am ein bod ni'n Gristnogion? Am fy mod i'n weinidog? Ai peth fel yna yw ffydd? Yn y diwedd ni allwn weddïo ond am i mi, beth bynnag a ddigwyddai, fod yn dad-cu, a thad, a thad-yng-nhyfraith, a gŵr cystal ag y gallwn fod, a diolchais am eiriau a bywyd Iesu'n gyfarwyddyd i mi ynghylch bod yn berson cariadus. Efallai mai'r frwydr yn y weddi oedd ei hystyr, a chyrraedd y fan yna, yr ateb iddi.

Y Diolch Pennaf?

Bydd Cristnogion, wrth gwrs, yn diolch am y wythïen yn hanes dynoliaeth sy'n cychwyn â'r cyfamod a wnaeth Duw ag Abram, sy'n datblygu drwy batriarchiaid fel Isaac a Jacob a Joseff, yn mynd ymlaen at y waredigaeth o'r Aifft o dan arweiniad Moses, yna drwy'r anialwch at wlad yr addewid, stori'r genedl yno a lle'r brenhinoedd a'r proffwydi ynddi, hyd at eni Iesu, a'i eiriau a'i weithredoedd a'i farw a'i atgyfodiad Ef, geni'r Eglwys ar y Pentecost, a bywyd yr Eglwys lawr drwy'r canrifoedd. Y naratif hwnnw yw ein hunaniaeth ni Gristnogion, ac mae angen arnom i adnabod ein hunaniaeth yn grefyddol fel mewn ffyrdd eraill, yn rhannol er mwyn gallu impio ein hunain yn greadigol i mewn i'r stori.

Eithr ein gwahaniaethu oddi wrth eraill wna ein hunaniaeth Gristnogol, ac mewn byd y mae Cristnogion fwyfwy'n dod wyneb yn wyneb â chrefyddwyr eraill ac anffyddwyr, mae gwybod yr hyn sy'n ein gwahaniaethu oddi wrthynt yn ddyletswydd arnom, er mwyn inni allu cyflwyno'n ffydd i ymholwyr o grefyddau eraill ac i rai digrefydd - ac i genedlaethau eto i ddod. A gyda llaw, gall unrhyw ymwneud â chrefyddwyr eraill ac â'r digrefydd ein helpu i weld yn well yr hyn sy'n ein gwahaniaethu oddi wrthynt.

Ond cam bach sydd o wahaniaethu i wahanu, a gall gwahanu gormodol grebachu ein ffydd, a chrebachu hyd yn oed ein syniad am Dduw. Soniodd Andrew Walls, Athro Emeritws Prifysgol Caeredin mewn Cristnogaeth Anorllewinol, am Gristnogaeth y Gorllewin yn cyflwyno i fyfyrwyr eu colegau diwinyddol '*a tribal and denominational Baal*'.

Mae angen i Gristnogion gofio bob amser bod gennym hunaniaeth ddyfnach na'r gwahaniaeth rhyngom ni a chrefyddwyr eraill, ac â'r di-gred. A'r man lle y gwelwn yr hunaniaeth ddyfnach honno sy'n ein cysylltu'n anochel ag eraill, ac sy'n fynegiant o undod hanfodol a gwaelodol holl blant dynion, yw'r straeon ym mhenodau cyntaf oll y Beibl, sydd â'u pwyslais ar natur a gwaith Duw fel Creawdwr bob enaid byw fel ei gilydd.

Buom yn esgeulus yn y gorffennol o Dduw y Creawdwr, gan ymdrin â'i waith fel Crëwr fel pe bai'n eilradd i'w waith fel Ceidwad. Ond drwy ddechrau yn Genesis 1 - 11 â'r mythau am Dduw'n creu, ac am ardd Eden, Cain ac Abel, y dilyw, a thŵr Babel, gosododd golygyddion y Beibl y naratif arbennig y mae'r Beibl yn dyst iddo, yn erbyn cefndir hanesyddol sy'n cynnwys dynoliaeth gyfan. Bydd anghofio'r cydgyswllt hwnnw'n ein cadw rhag cyfoethogi a chael ein cyfoethogi gan grefyddwyr eraill a'r di-gred, a rhag cydweithio â nhw i gyd er ein lles cyffredin ni oll, a lles y cread. Mewn gair, mae angen i bwyslais ar Dduw y Creawdwr a'r Cynhaliwr fod o leiaf cyn gryfed yn ein hymwybyddiaeth ni, â'n pwyslais ni ar Dduw y Gwaredwr, os nad yn gryfach. Dyna osodiad na fyddwn wedi breuddwydio ei wneud ugain mlynedd yn ôl. Ond daeth newid byd.

Heddiw mae ffaith hollol newydd yn wynebu Cristnogion a phawb arall. Bu'r cread yn fygythiad i ddynoliaeth ers dechrau hanes, drwy newyn, llifogydd, daeargryn, llosgfynydd, a haint. Ond y dwthwn hwn, am y tro cyntaf erioed mewn hanes, mae dynoliaeth yn fygythiad i'r cread - ac mewn cynifer o ffyrdd, drwy ei lygru â galluoedd niwclear, drwy ddifwyno ei afonydd a'i foroedd a'i goedwigoedd a'i eangderau, drwy orddefnyddio ei adnoddau, drwy gynhesu'r amgylchedd, a thrwy esgeuluso ei greaduriaid mawr a mân. Mae a wnelo'r bygythiad nid yn unig â lles y cread, a'i barhad fel ein cartref daearol ni, ond hefyd â chyfiawnder dynol, gan mai'r unigolion a'r gwledydd gwan a thlawd fydd y cyntaf i ddioddef pan niweidiwn ein hamgylchedd. Allan o Chweched Gymanfa Cyngor Eglwysi'r Byd yn Vancouver ym 1983, daeth rhaglen newydd yn cyplysu'r pwysleisiau hyn - 'Heddwch, Cyfiawnder ac Integriti'r Cread'. A bellach mae diwinyddion Cristnogol yn ceisio addasu diwinyddiaeth i'r her aruthrol hon sy'n wynebu dynoliaeth. Wedi i ni Gristnogion roi blaenoriaeth cyhyd i'r neges am waredigaeth, efallai fod Duw nawr, yn yr argyfwng presennol sy'n wynebu'n planed ni, yn galw arnom i roi pwyslais cynyddol nid yn unig ar werthfawrogi a pharchu'r cread, ac ar ein diogelwch a'n cynhaliaeth faterol ni, ond hefyd arno Ef fel Creawdwr. Dyna bwyslais y mae neges ynddo all uno holl amrywiaeth plant y Duw-Greawdwr sy'n Gynhaliwr yn ogystal â Gwaredwr, y Duw y mae Creu-a-Chynnal, a Chadw, yn ddwy wedd o'i natur.

Diolchwyr Hanesyddol

Teimlais erioed, ei fod yn haws gafael mewn rhai agweddau o'r efengyl os yw'n bosibl eu gweld yn cael eu hymgorffori'n rhesymol o amlwg ym mywyd rhyw Gristion unigol, neu gwmnïoedd o Gristnogion. Mae cofio hanes un cwmni Cristnogol a enillodd enw iddo'i hunan mewn hanes yn anad dim am ei ddiolchgarwch, yn gwneud diolchgarwch yn destun mwy byw i mi felly.

Bedair canrif yn ôl, dymuniad dyrnaid o Gristnogion yn Scrooby, pentref ger Lincoln yn Lloegr, Annibynwyr ond mewn enw eto, oedd addoli fel y dywedai'r Beibl y dylent ei wneud, ac nid yn ôl deddf gwlad - fel yr oedd yn rhaid i bawb ei wneud ar y pryd. Gwnaethant hynny, yn ddirgel am gyfnod, ond yna cawsant eu herlid, a ffoesant i'r Isalmaen. Wedi deuddeng mlynedd yno, pryderent am fod eu plant yn anghofio eu tras, ac am na châi'r dynion ymarfer eu crefftau fel eu bod yn gorfod labro'n galed, a bod nifer ohonynt wedi marw cyn pryd. Penderfynodd carfan ohonynt, y Mamau a'r Tadau Pererin, hwylio ym 1620 am America o Plymouth yn Nyfnaint ar *The Mayflower*. (Enw mwyafrif eglwysi Annibynnol America o hyd yw *Plymouth Church* neu *Mayflower Church*.) Bu farw rhai ar y daith, collodd y llong y ffordd (cas gennyf addef mai Jones oedd enw'r capten), ac fe'u gollyngwyd fis Tachwedd, nid yn Carolina foethus, gynnes, ond ar arfordir creigiog, rhynllyd, noeth Lloegr Newydd. Yno bu rhaid iddynt wynebu gaeaf caled a blwyddyn gron heb gynhaeaf. Bu farw rhagor, ond pan gafwyd cynhaeaf o'r diwedd, yr hyn a wnaethant, er eu holl ddioddefaint, ac er mai ond gweddol oedd y cynhaeaf, oedd diolch i Dduw, drwy rannu pryd bwyd. Gwyddom beth oedd rhai o elfennau'r pryd, gan i Bradford, ail lywodraethwr y wladfa newydd, ddweud wrthym yn 'A History of Plimoth Plantation' - twrci gwyllt, saws cranberi, corn ar y cob, a phastai pwmpen. Caiff y rheiny eu bwyta (gydag ychwanegiadau nawr), mewn cartrefi Americanaidd heddiw ar y pedwerydd dydd Iau ym mis Tachwedd bob blwyddyn, Dydd Diolchgarwch.

Bu'r ysgubor yn nodedig o bwysig yn America wledig, yn arbennig lle roedd y gaeaf yn galed. Yr oedd iddo nodweddion cyffredinol arbennig, y to yn serth iawn i'r eira ddisgyn oddi arno'n haws, a'r ochrau wedi eu lliwio â phaent coch tywyll marwaidd. Bu rhyw ysgubor neu'i gilydd yn destun i lu o artistiaid America. Aeth yr ysgubor hyd yn oed yn elfen yn un o idiomau'r wlad: cewch glywed Americanwr dinesig, cyfreithiwr bras efallai, na fu ar gyfyl fferm yn ei fywyd, yn dweud, os na fydd yn siŵr o rywbeth - 'I wouldn't bet the barn on it'. Ac un o ddisgrifiadau disgynyddion Mamau a Thadau Pererin America o'u capeli oedd, 'The Lord's Barns'. I'r Cristion, diolch yn y diwedd yw bod yn rhan o gynhaeaf y Duw sy'n ein creu a'n cynnal, ac yna'n ein galw i'w wasanaeth.